Ensemble de coloriage pour enfants

Espace, requins, sports et plus

Coloring Pages for Kids

Coloring Pages for Kids
An imprint of Ciparum LLC

Ensemble de coloriage pour enfants Espace, requins, sports et plus
© 2017 Ciparum LLC
All rights reserved.
ISBN-10:1-63589-496-4
ISBN-13:978-1-63589-496-7

Coloring Pages for Kids

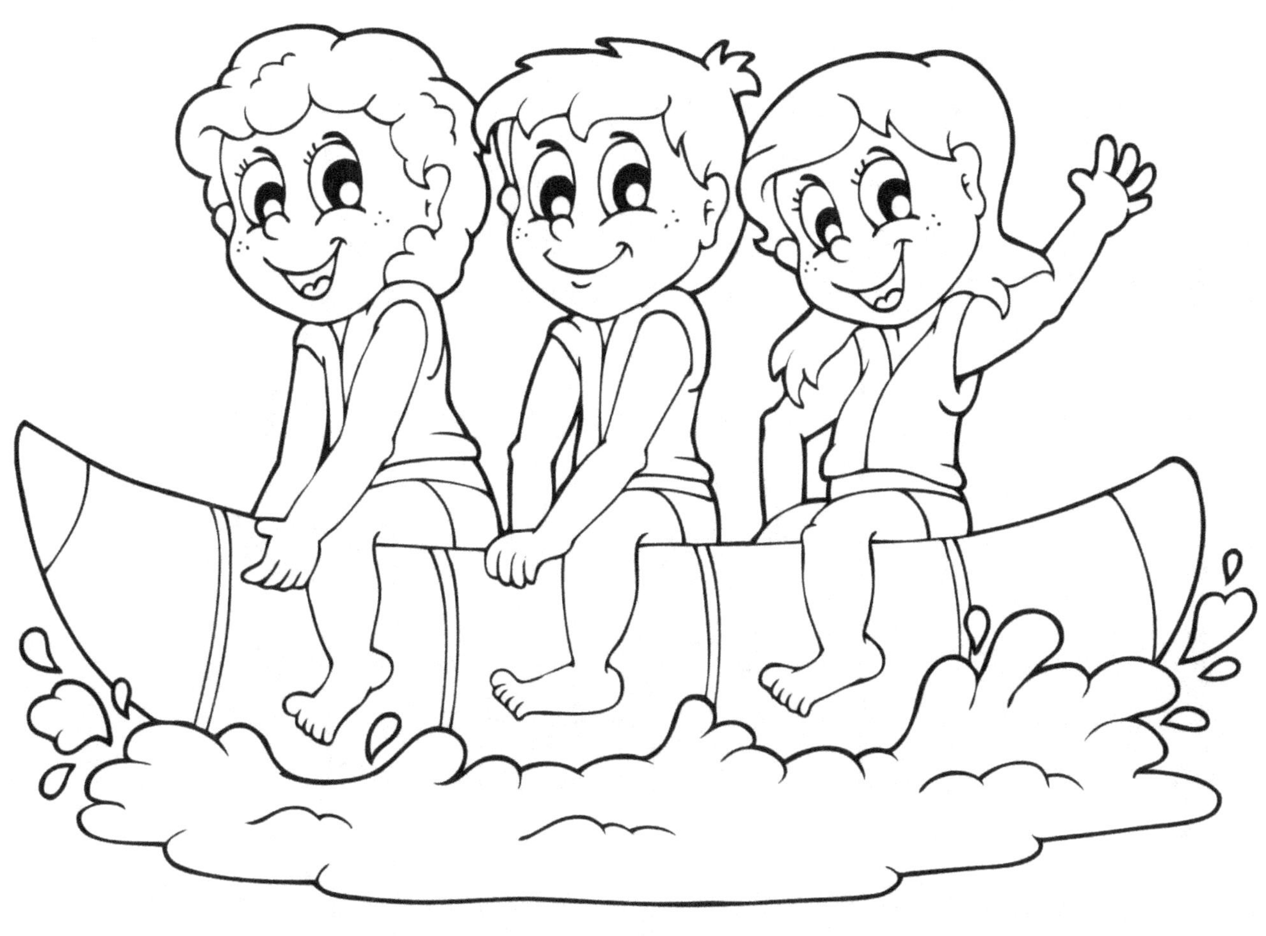

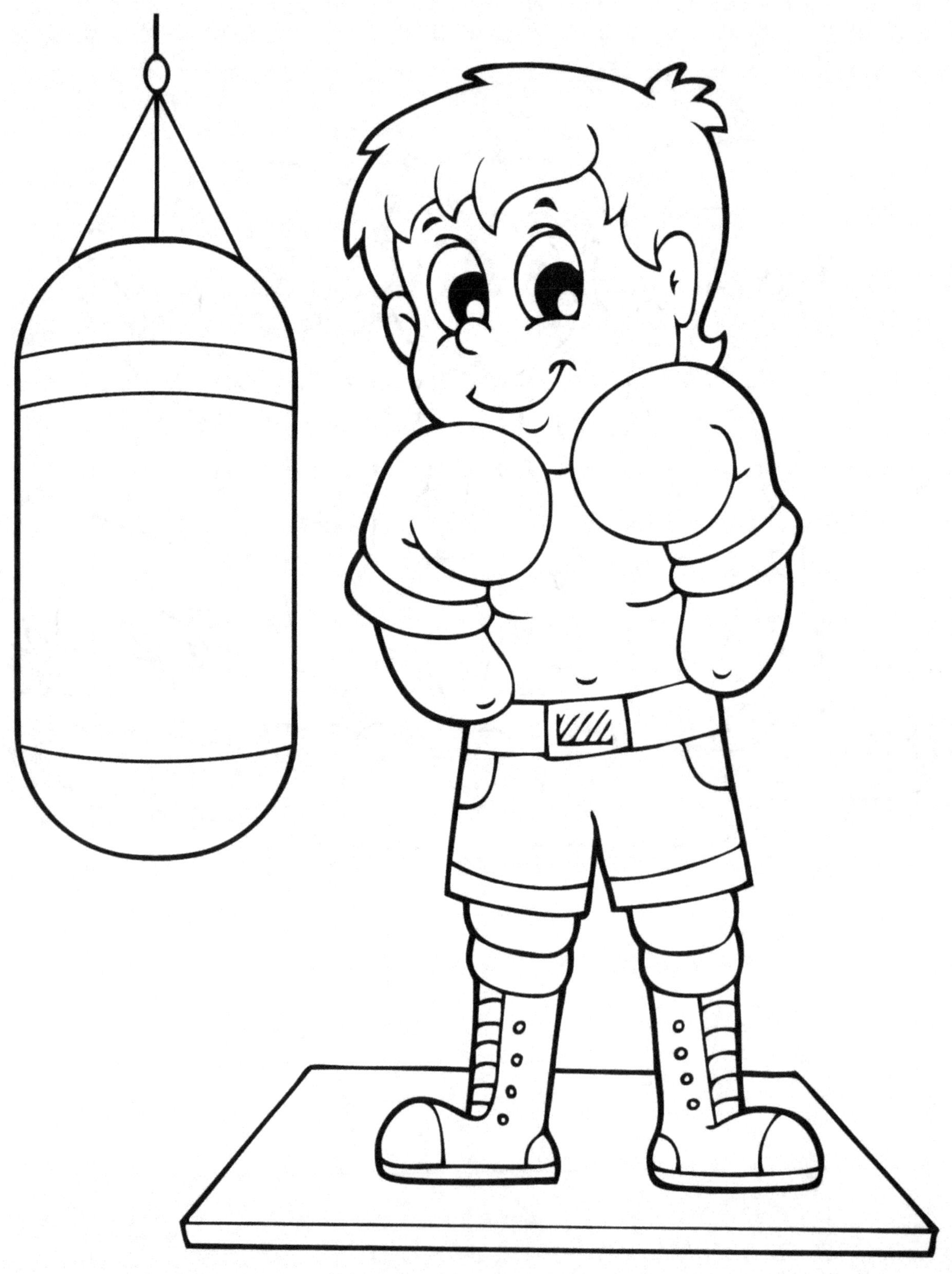

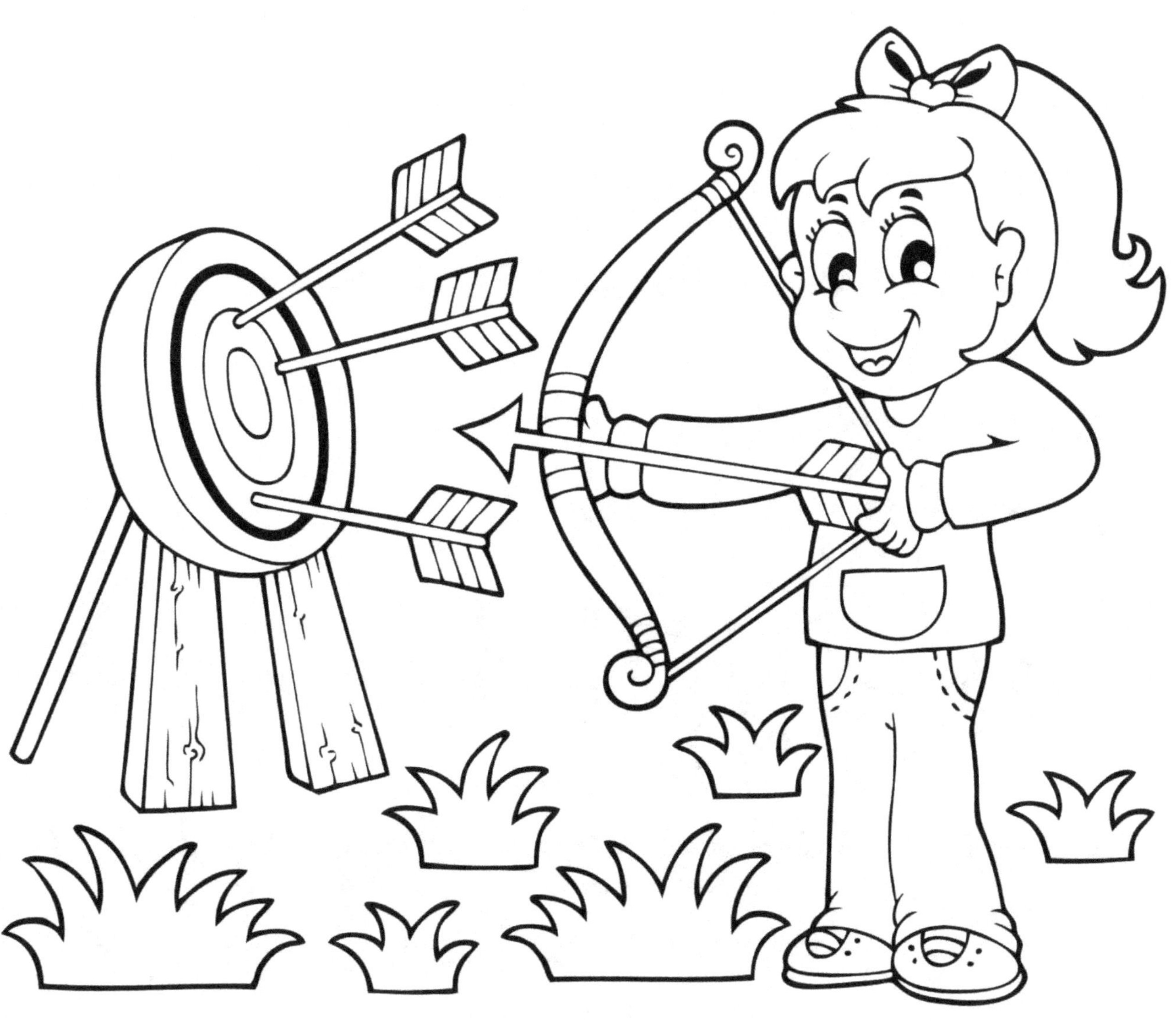

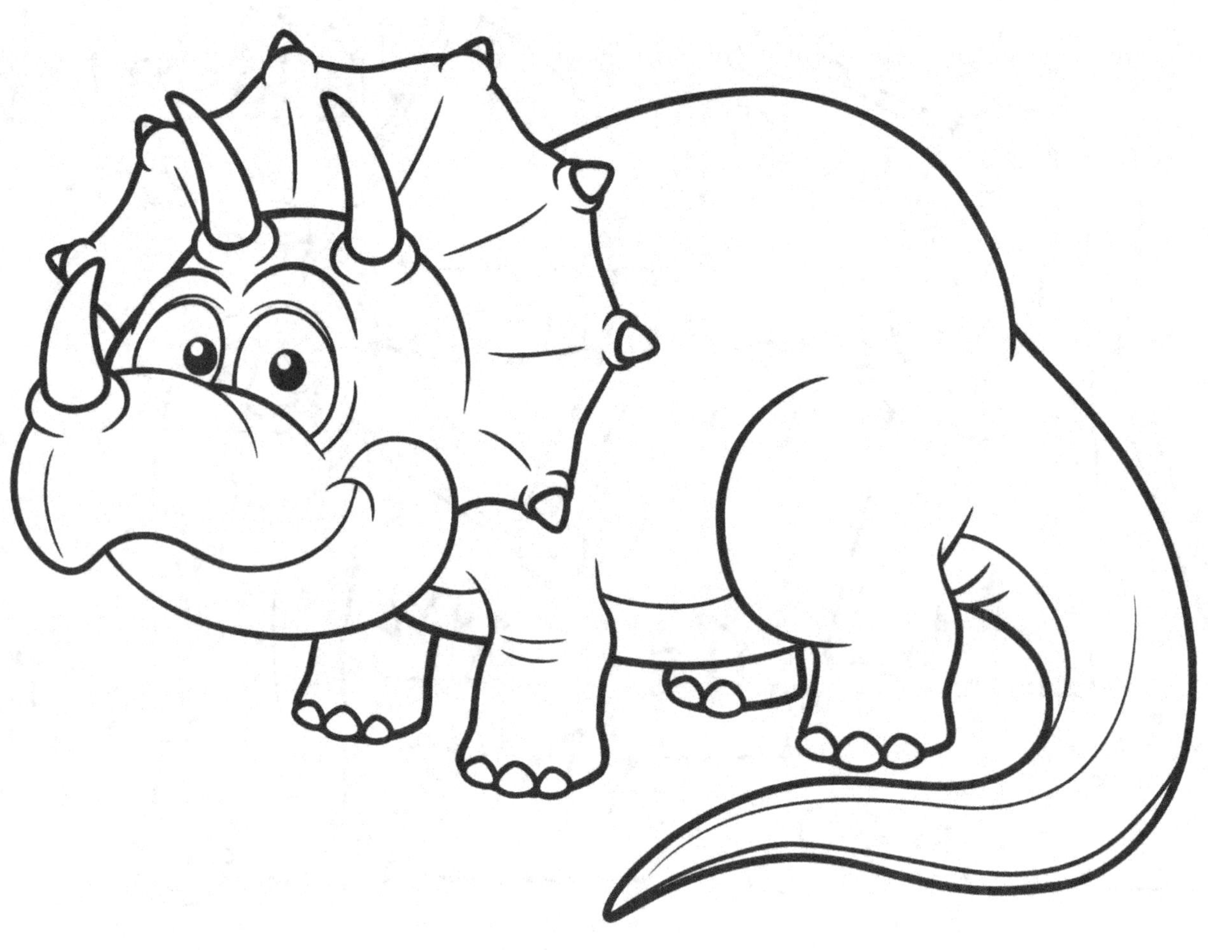

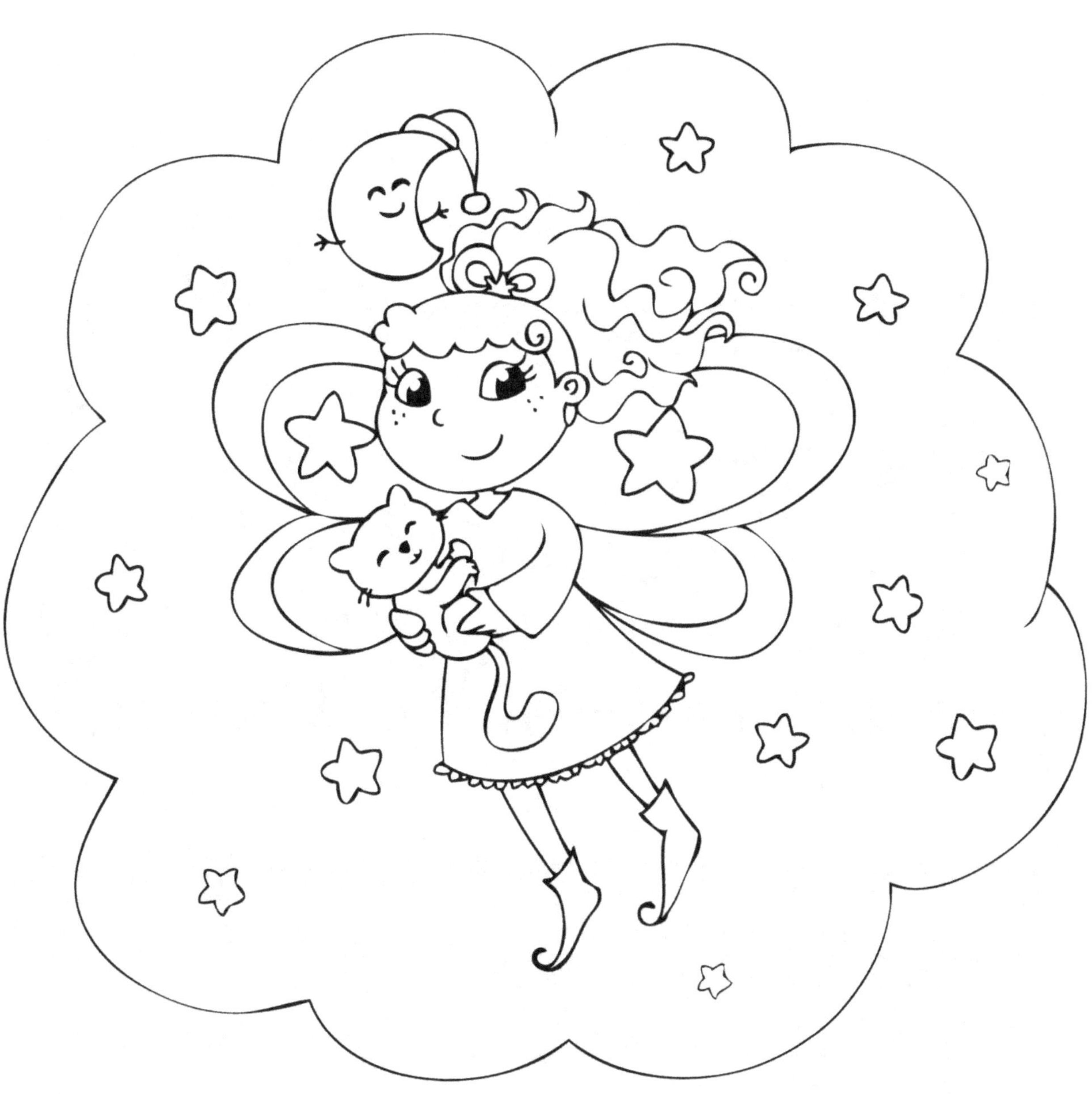

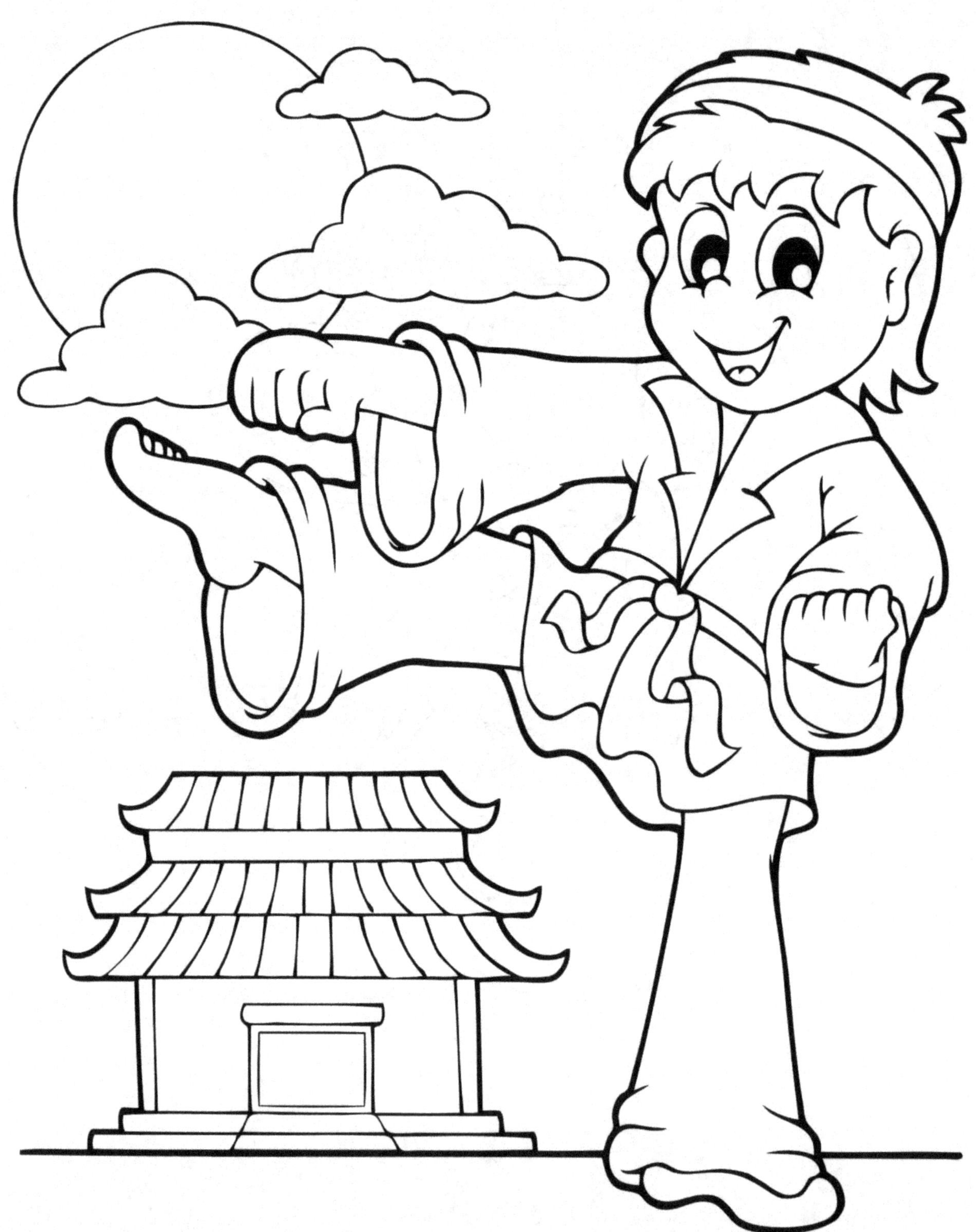

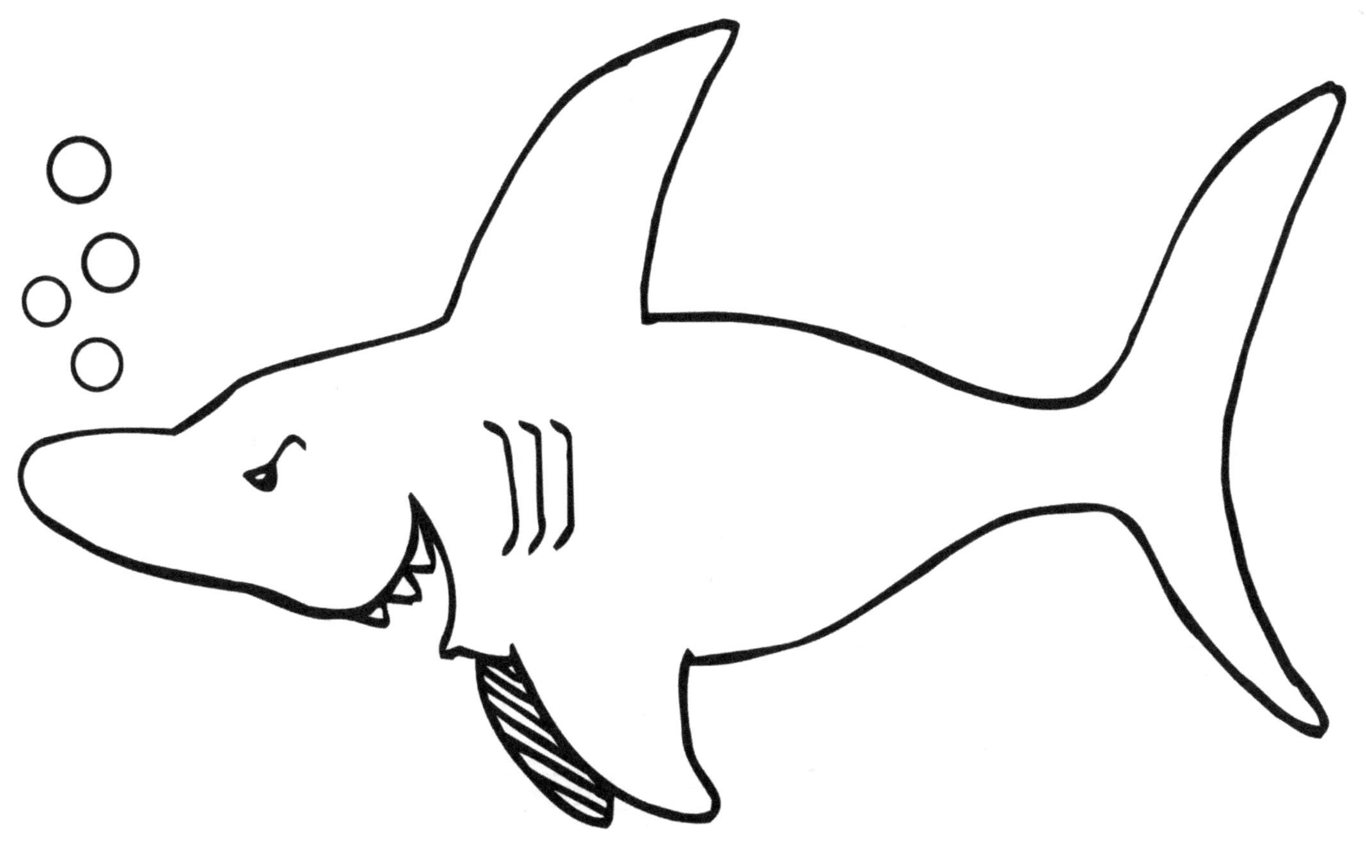

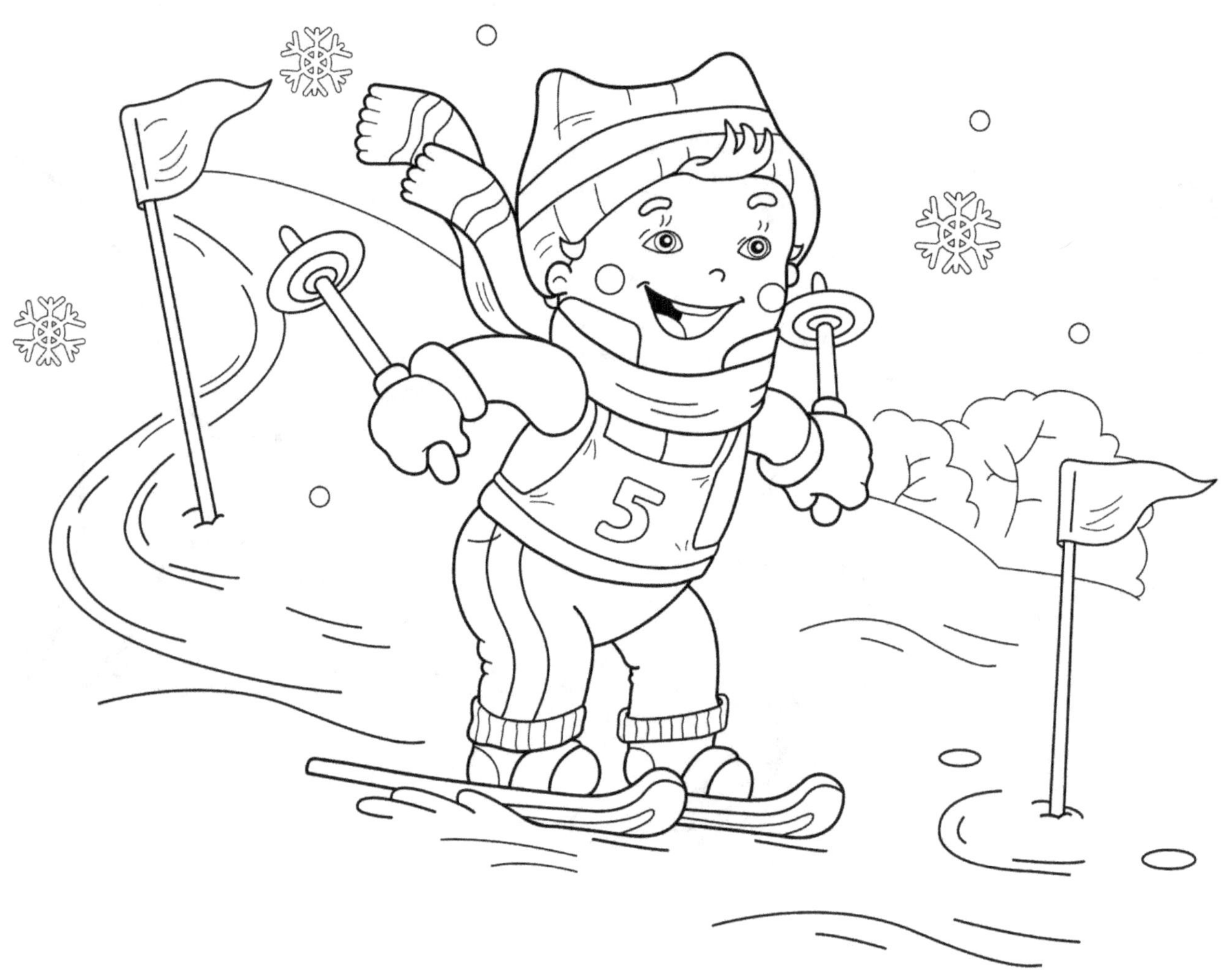

5

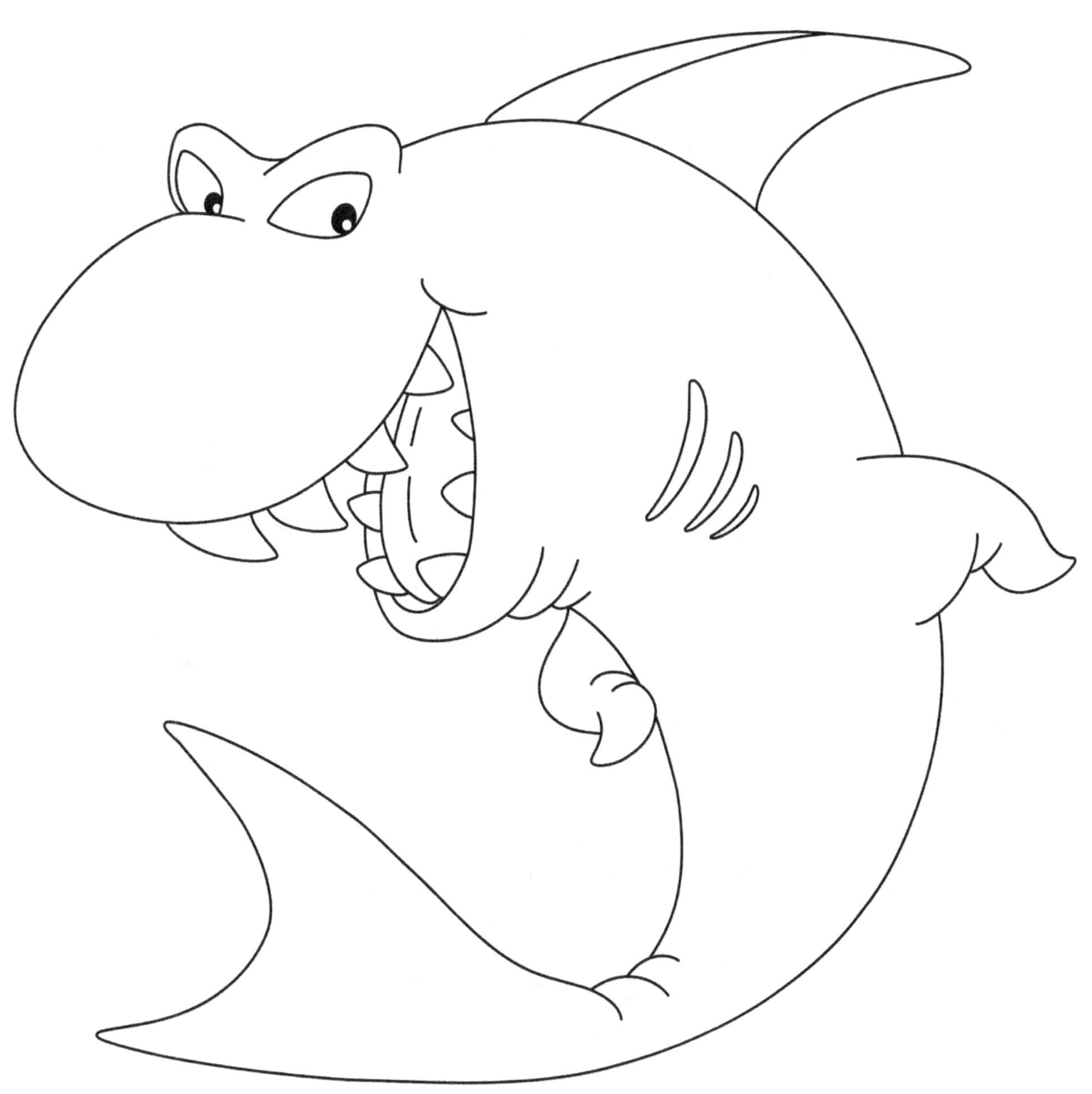

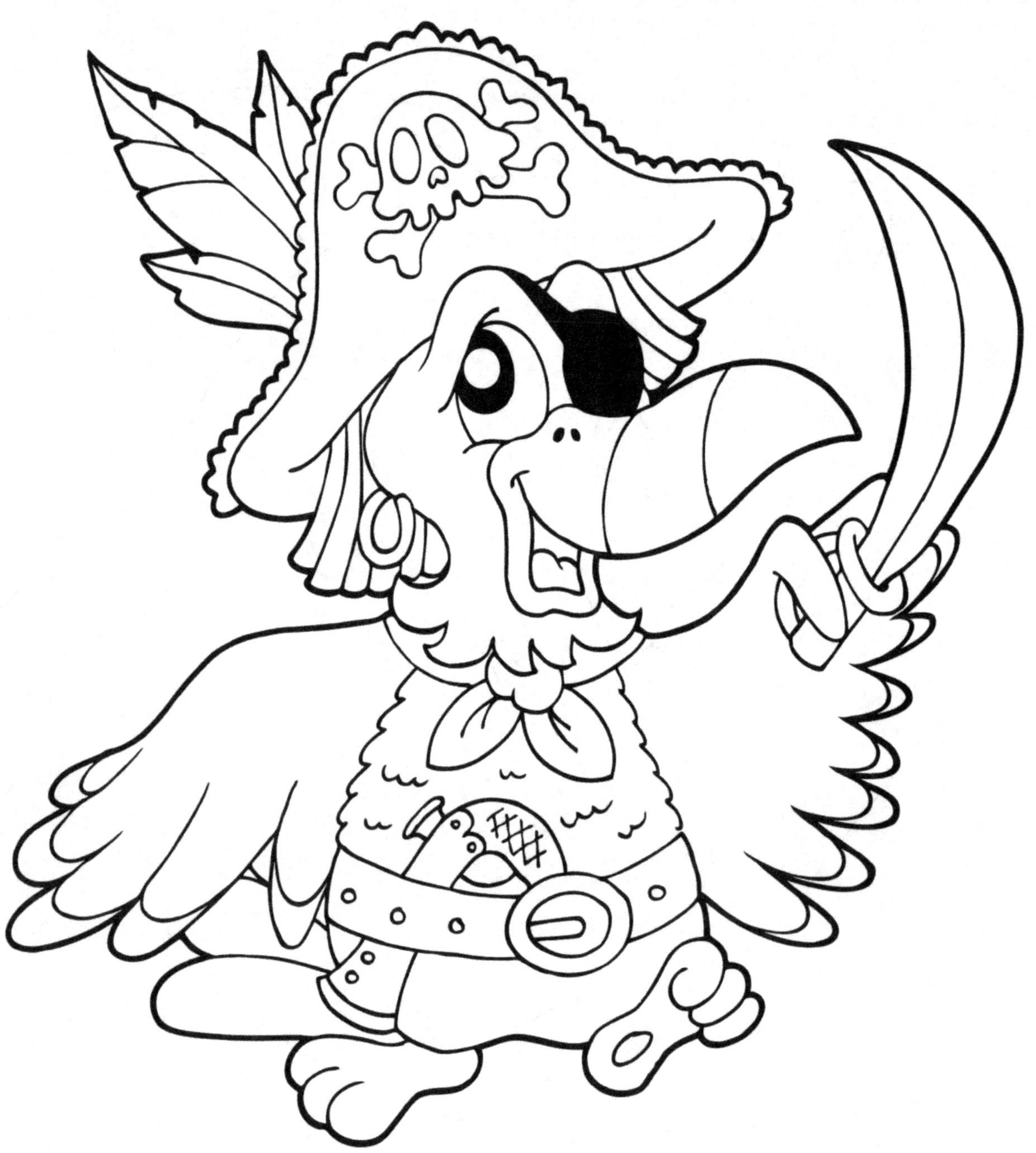

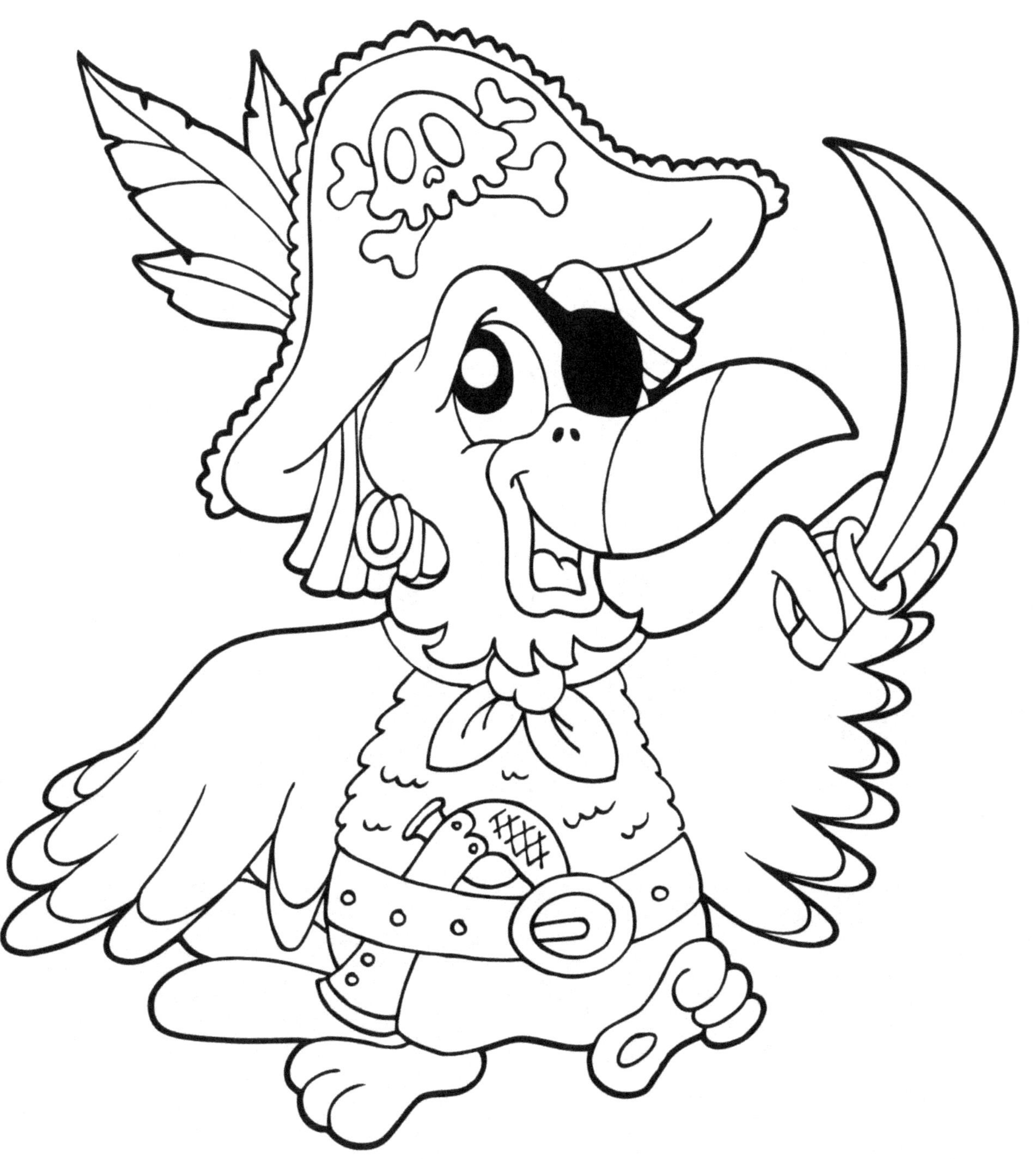

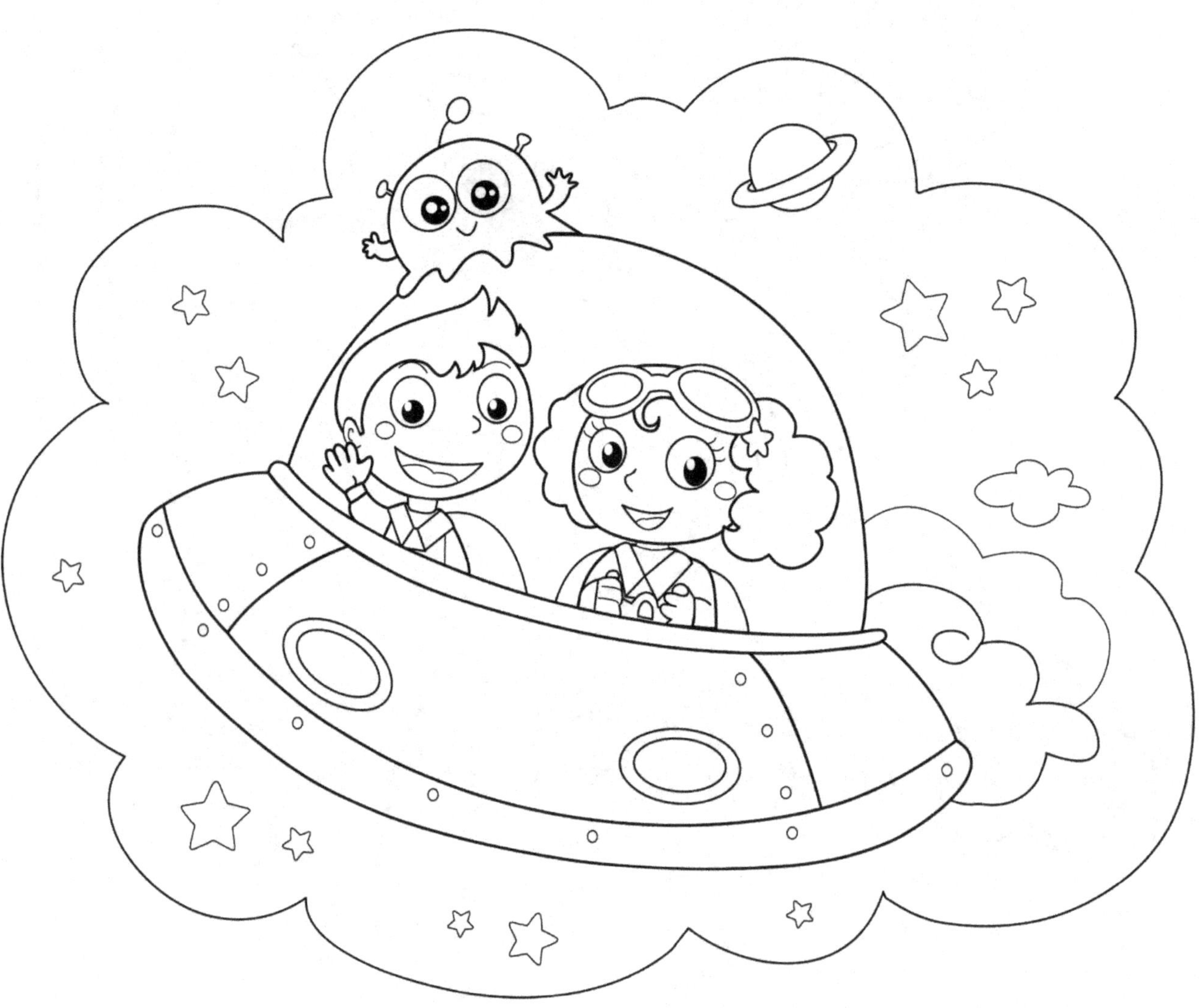

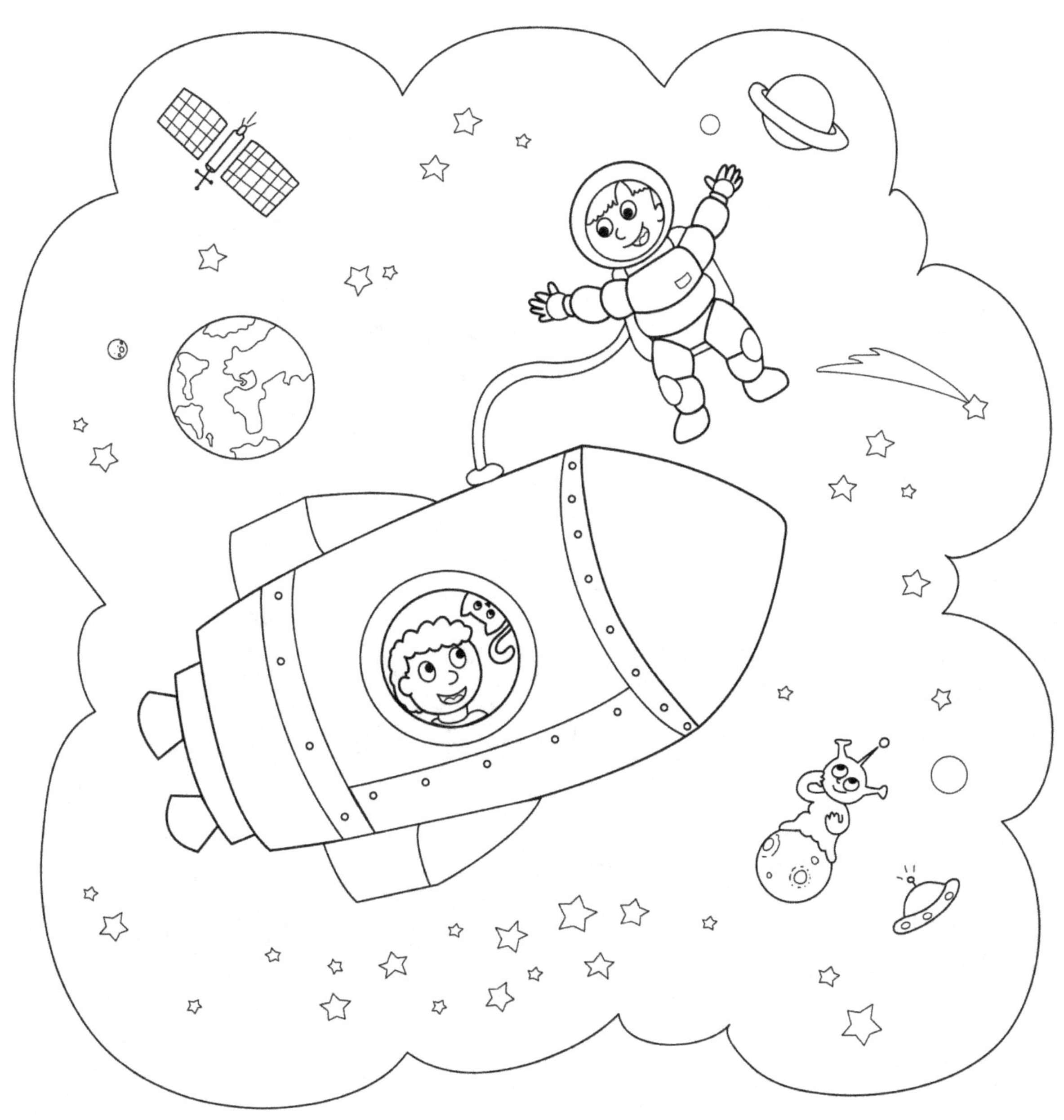

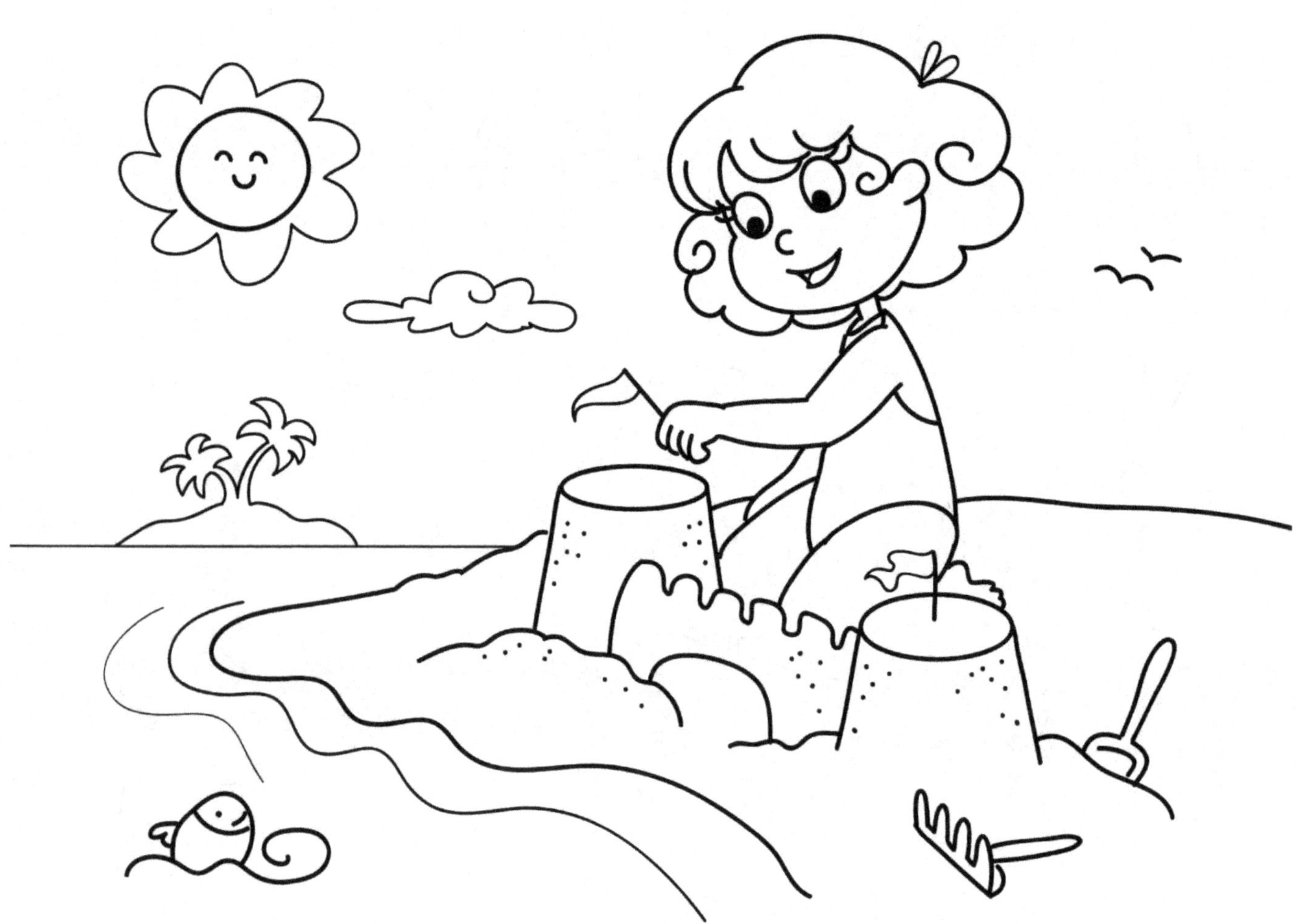

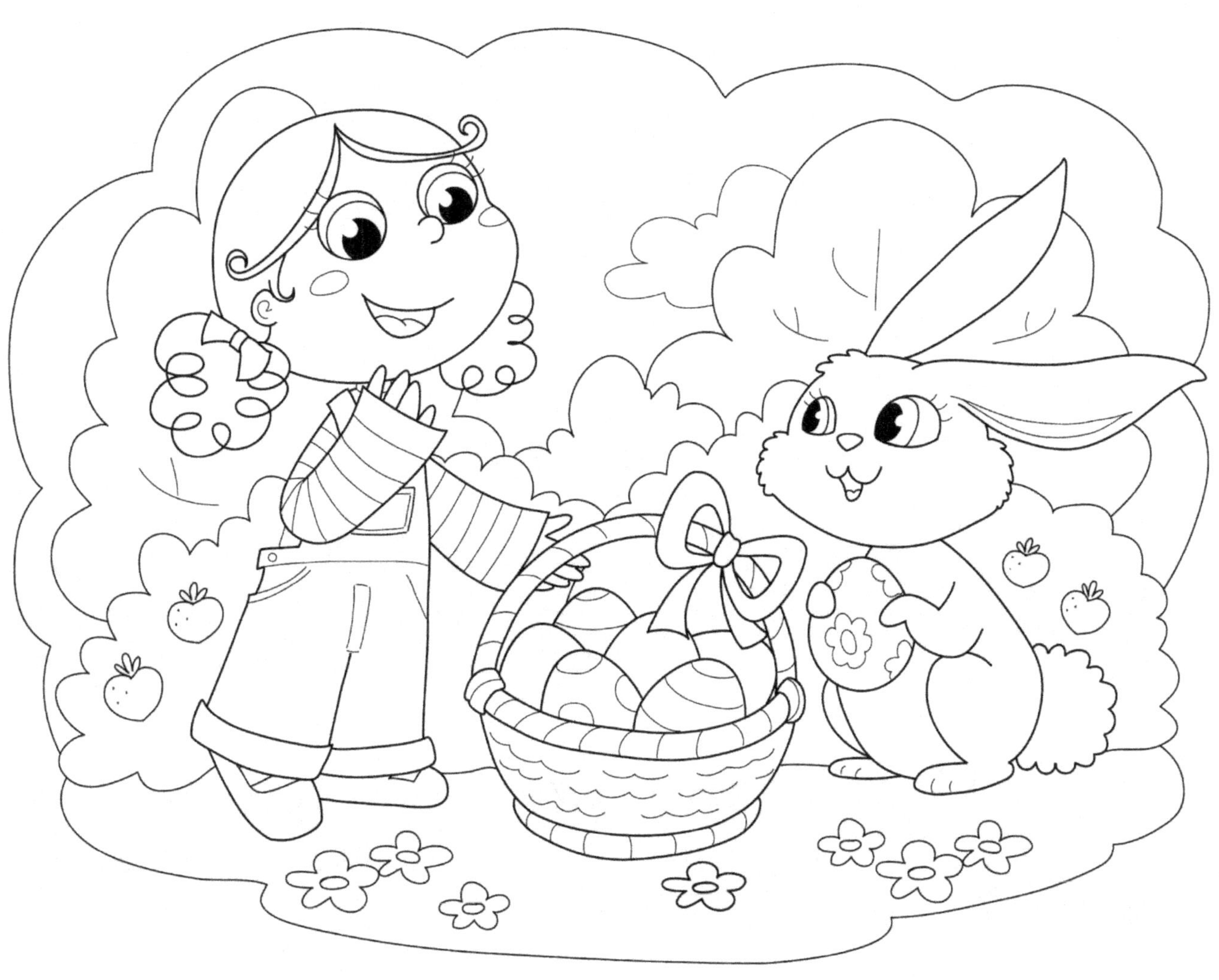

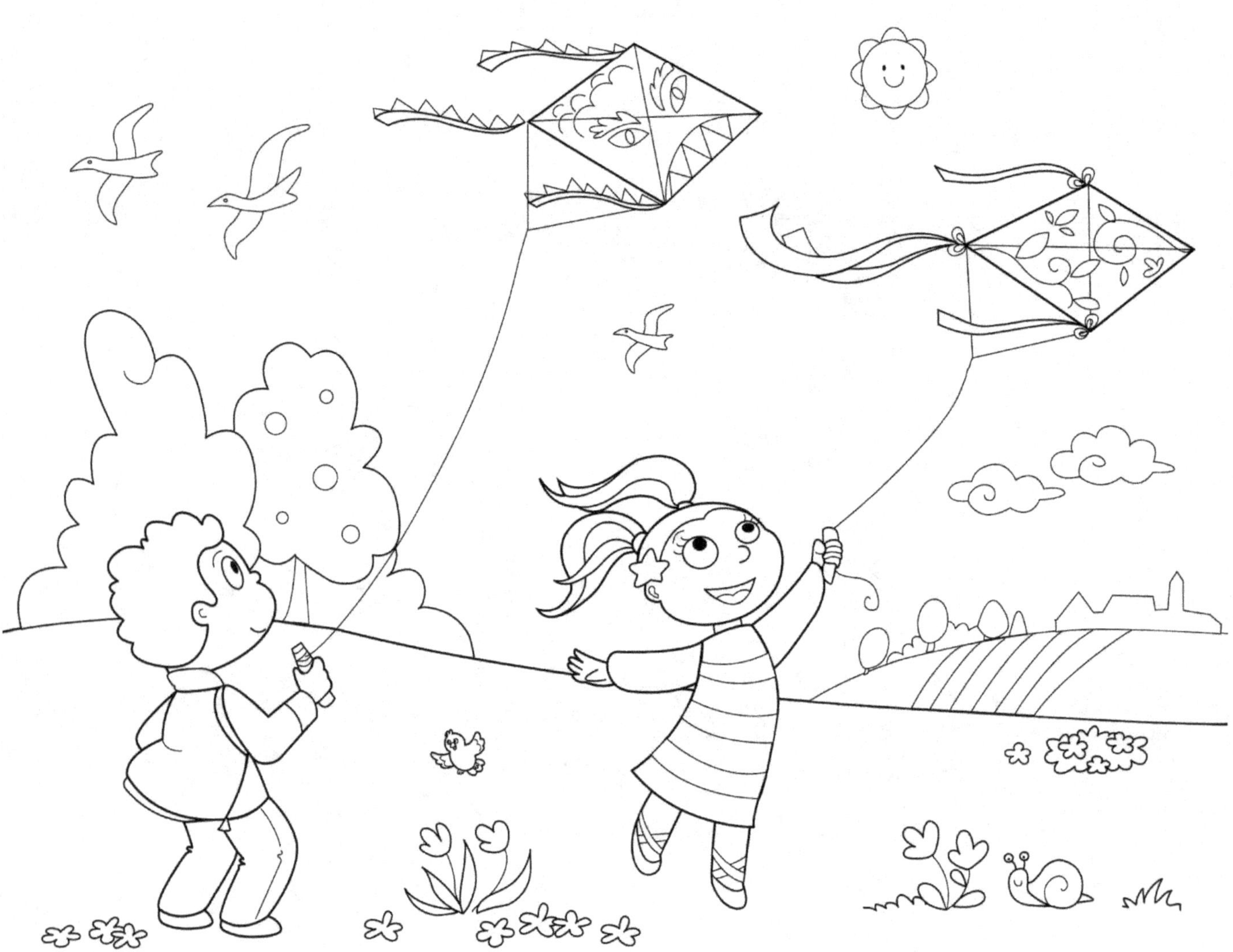

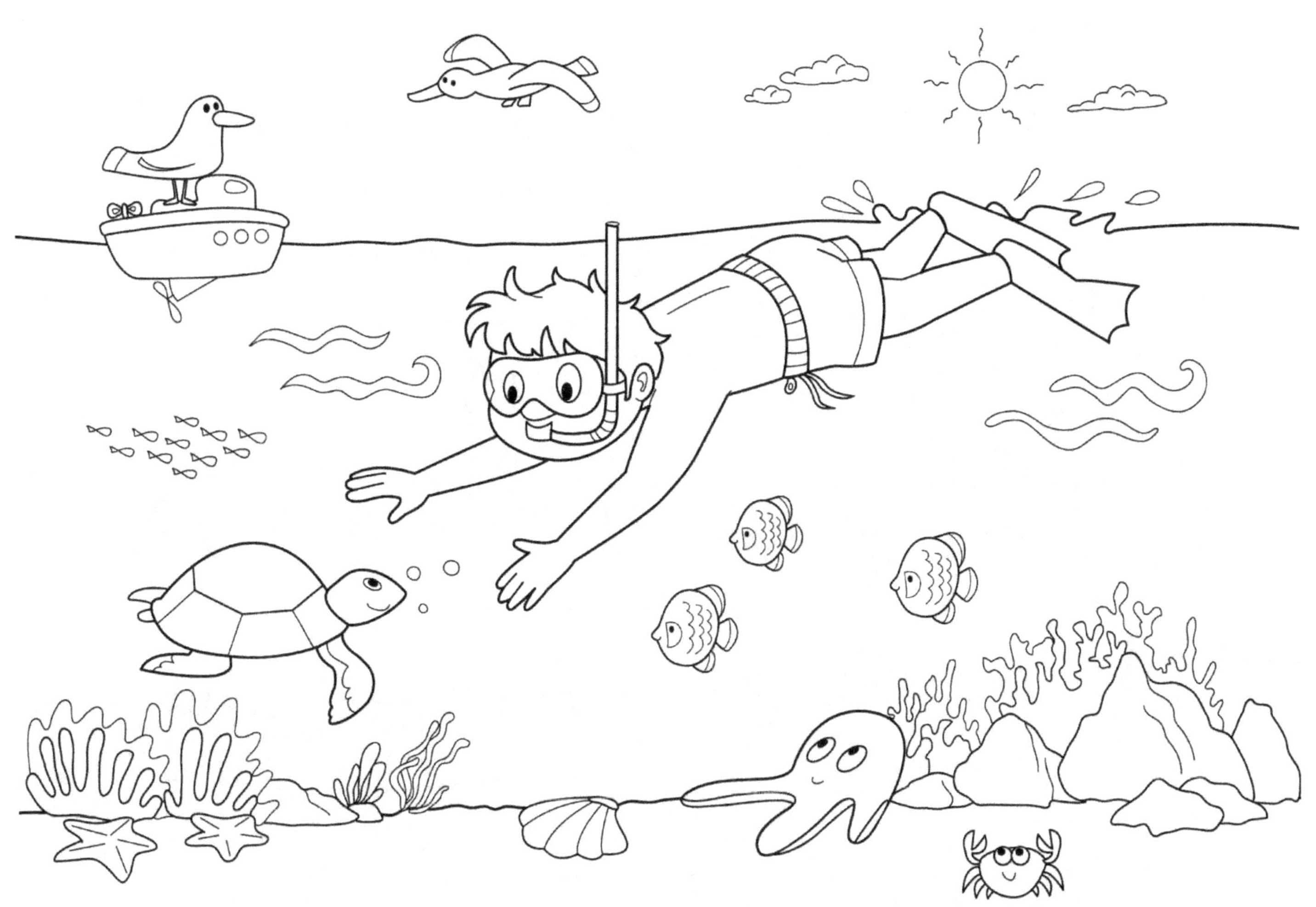

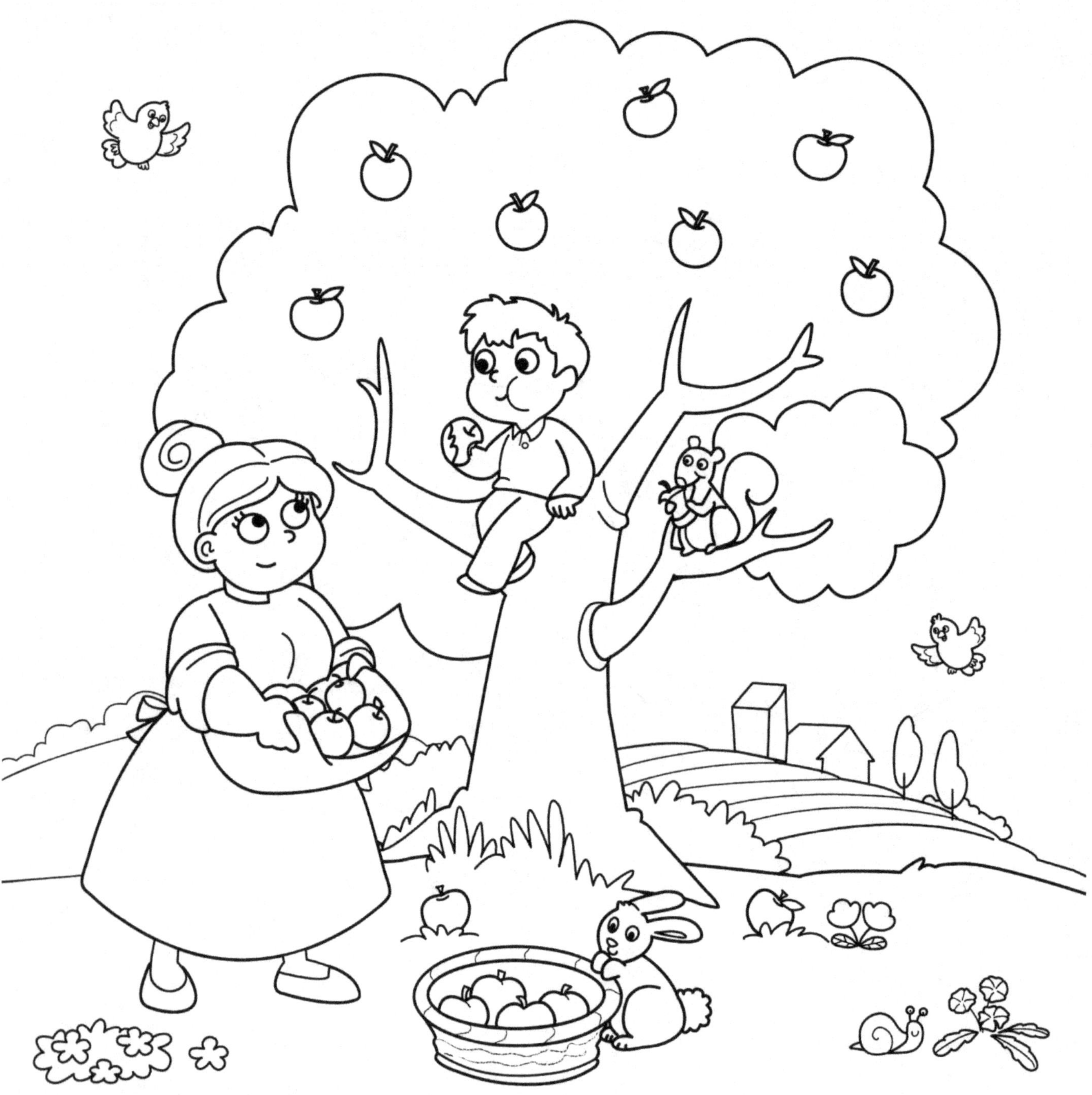

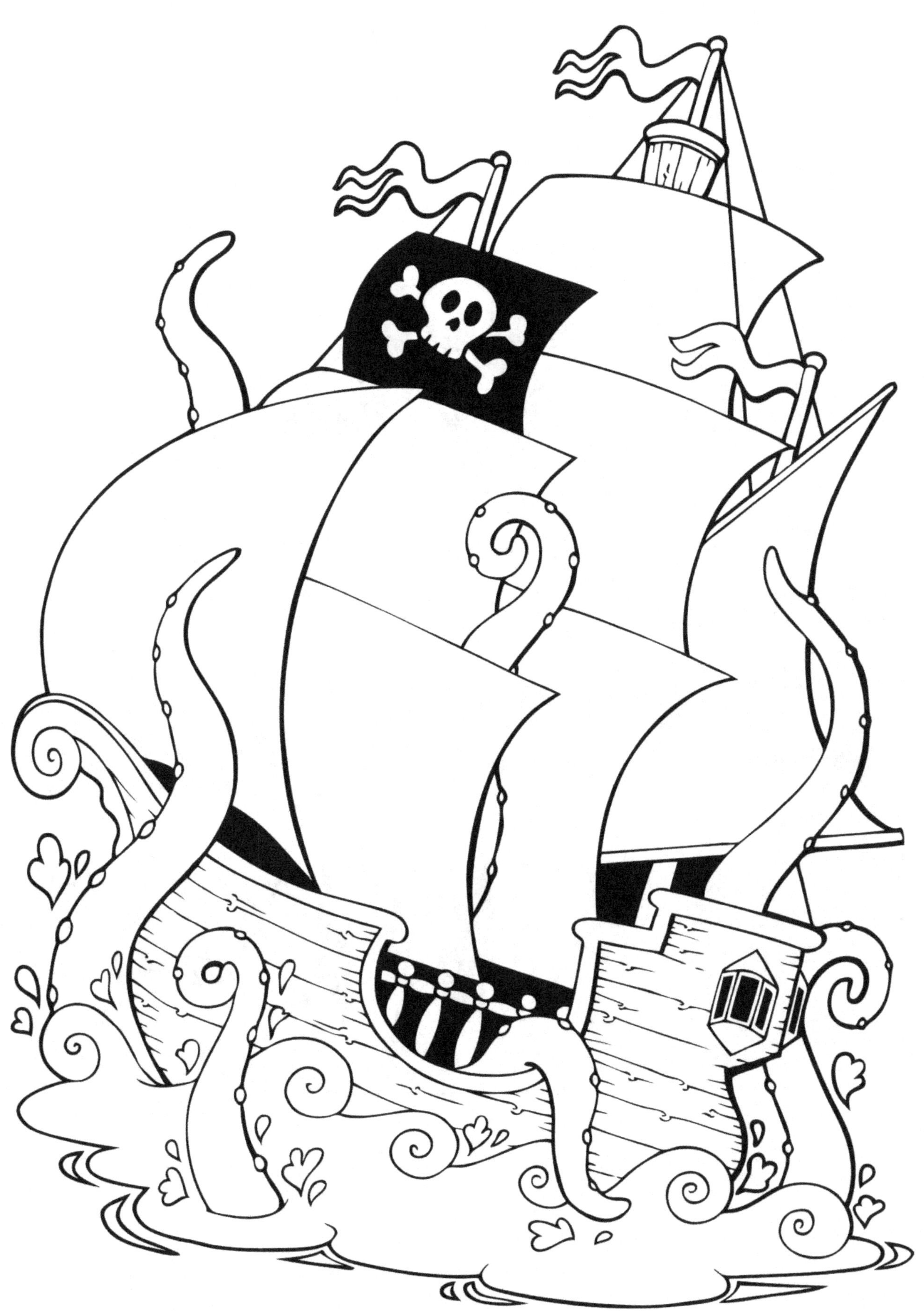

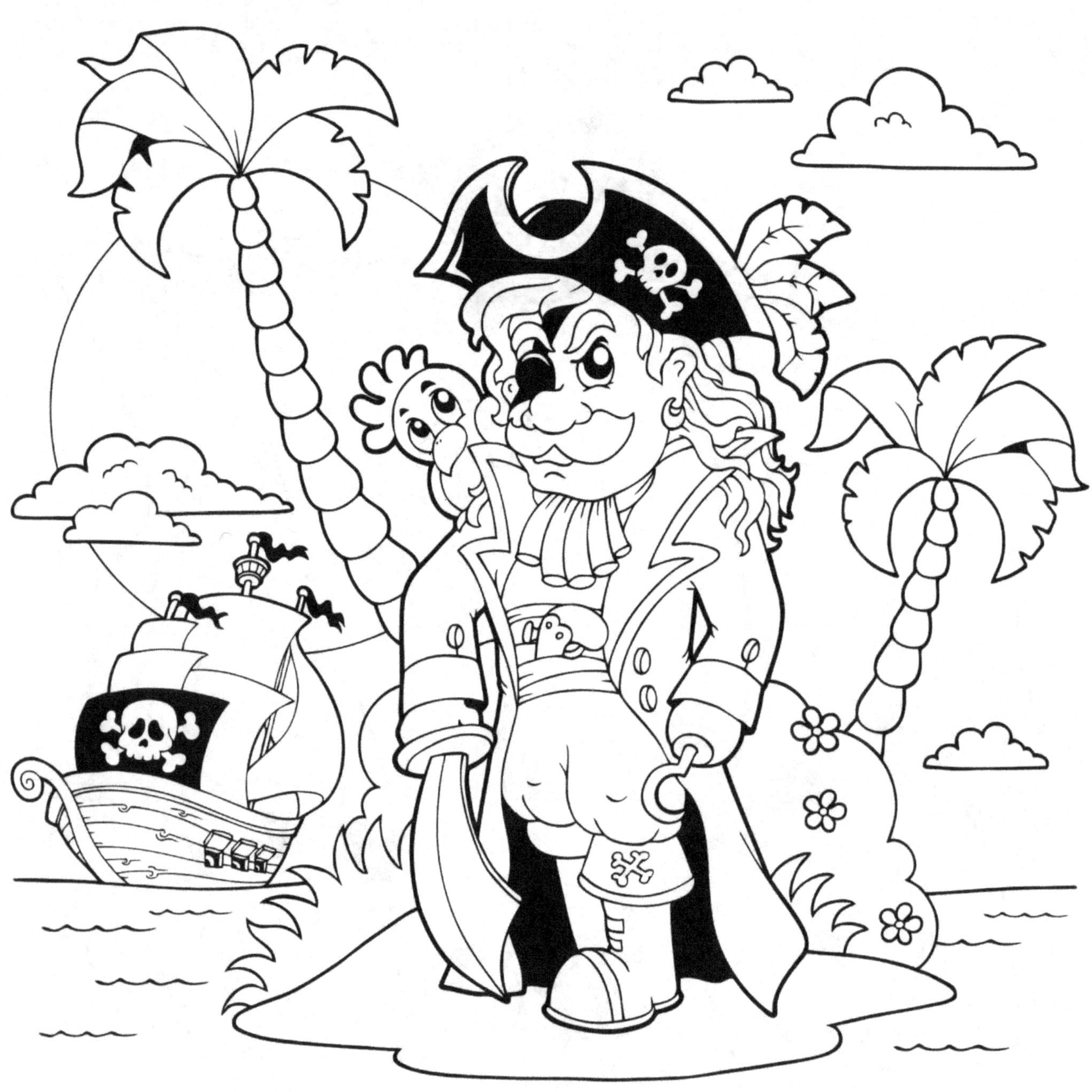

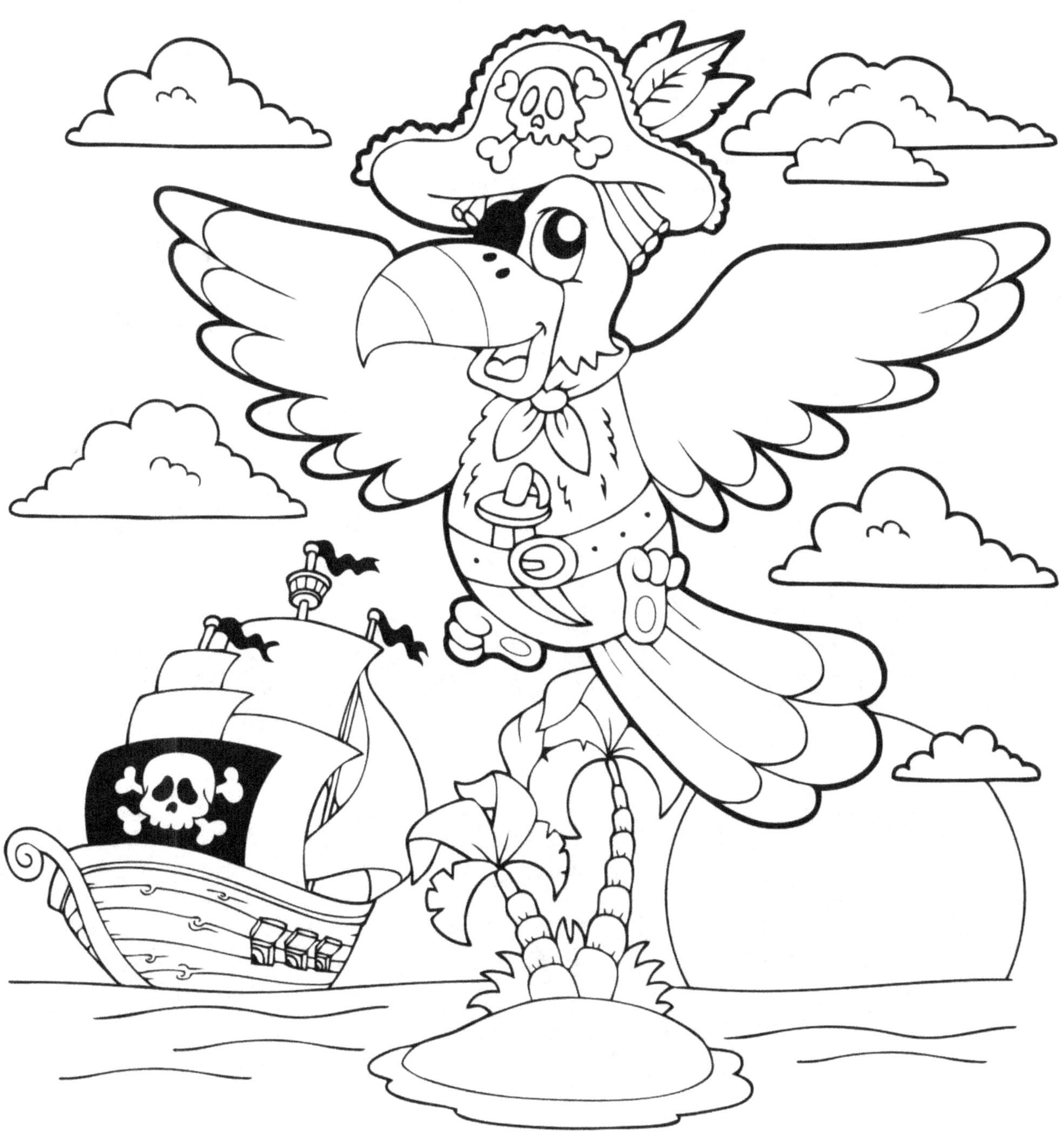

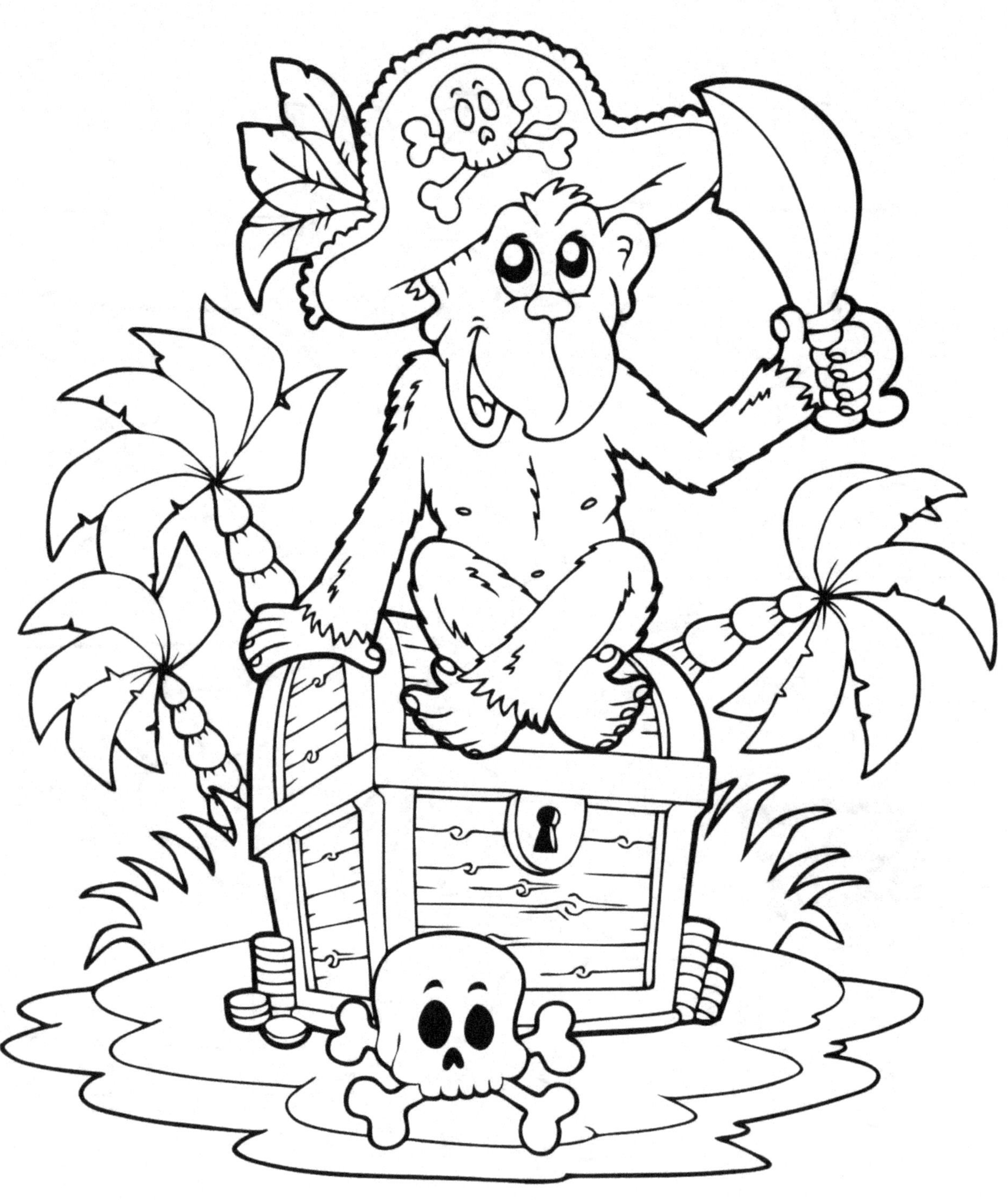

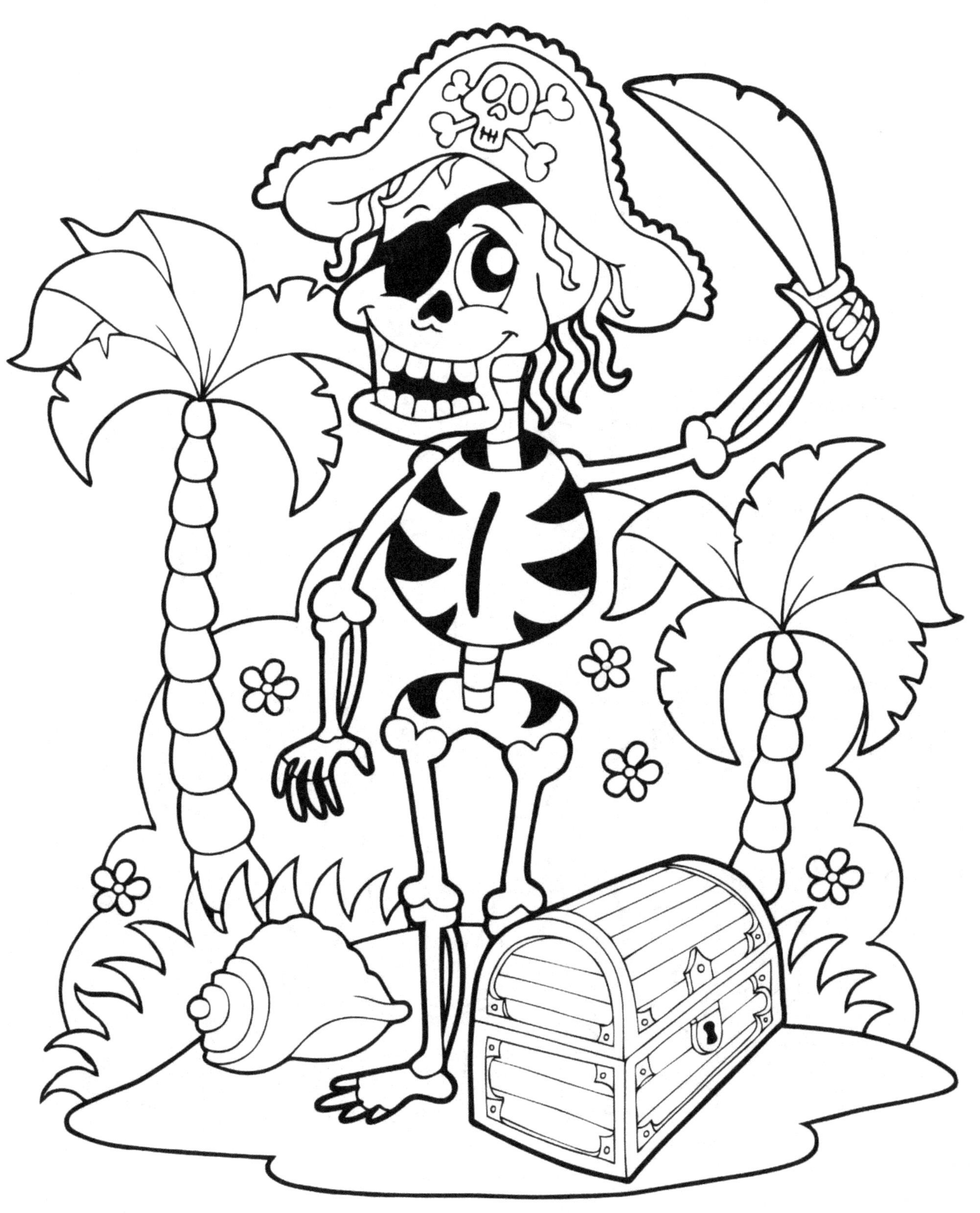

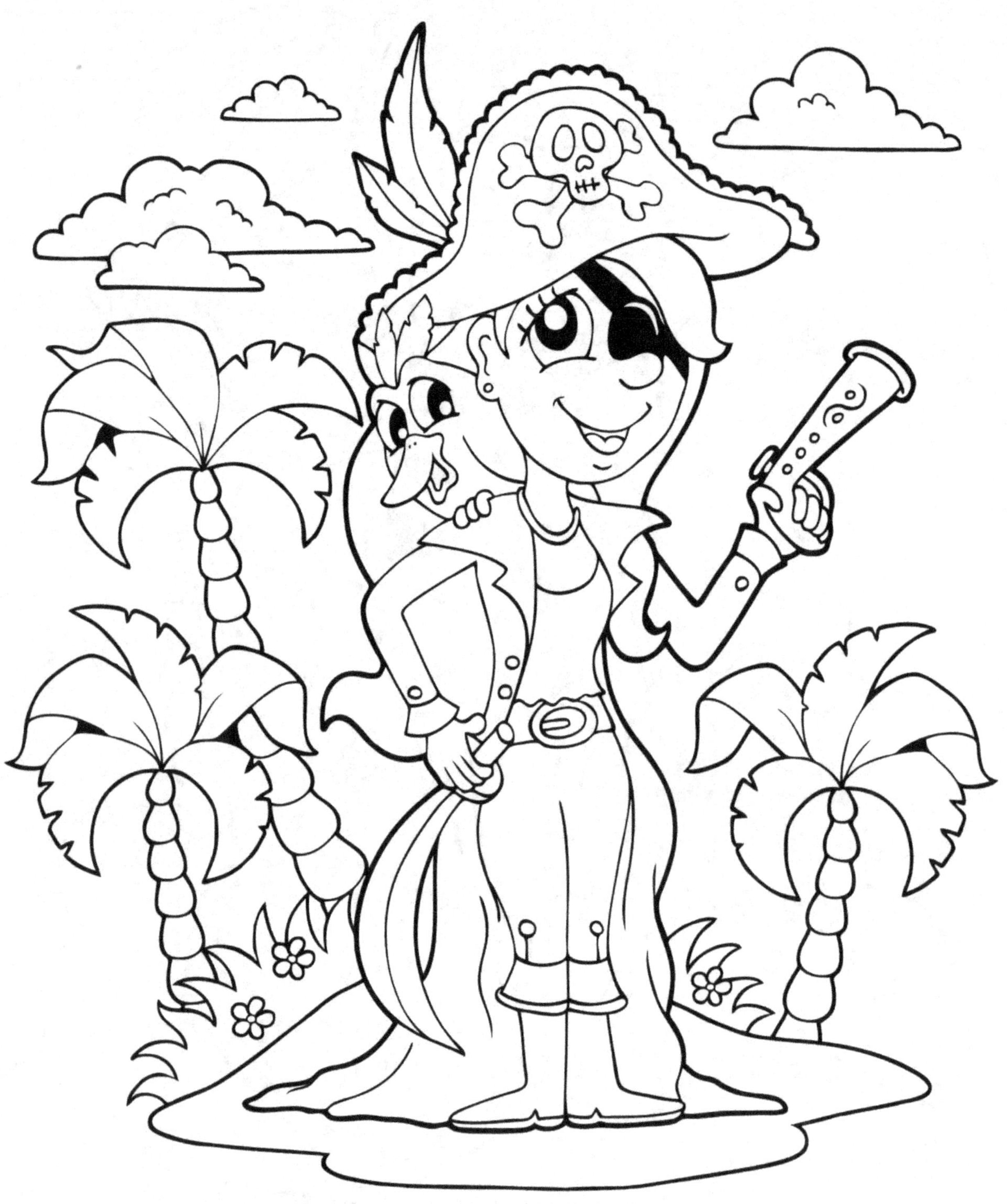

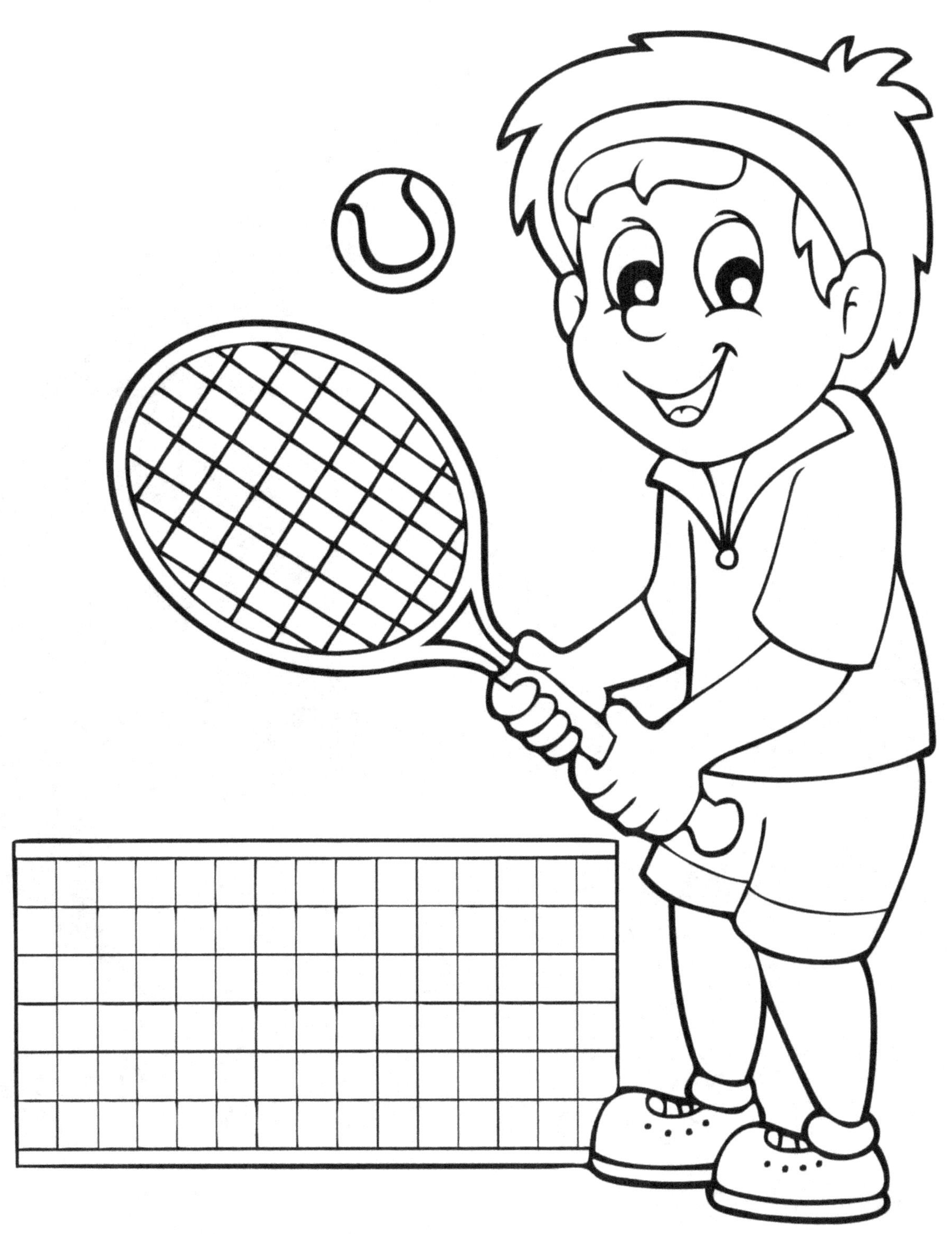

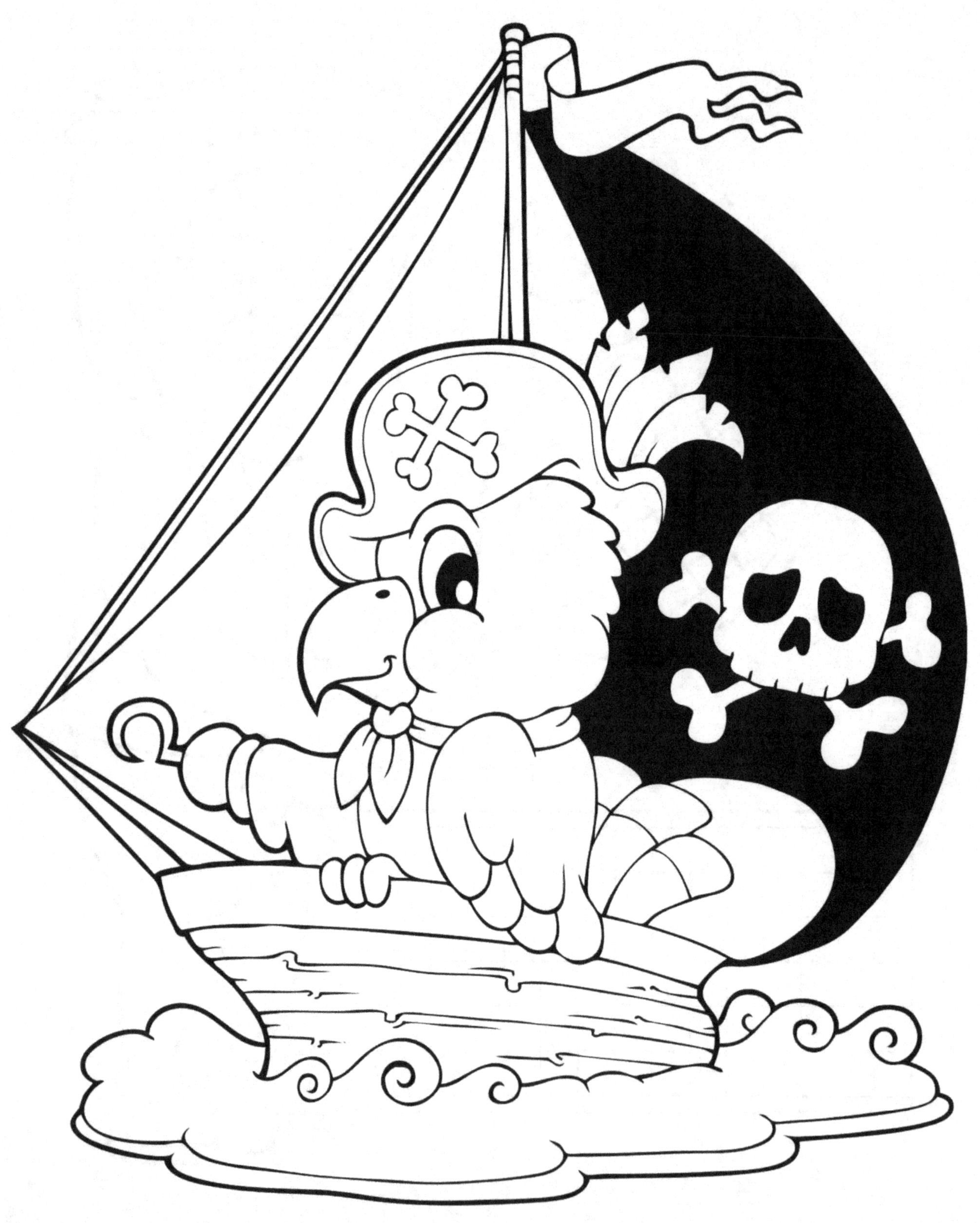

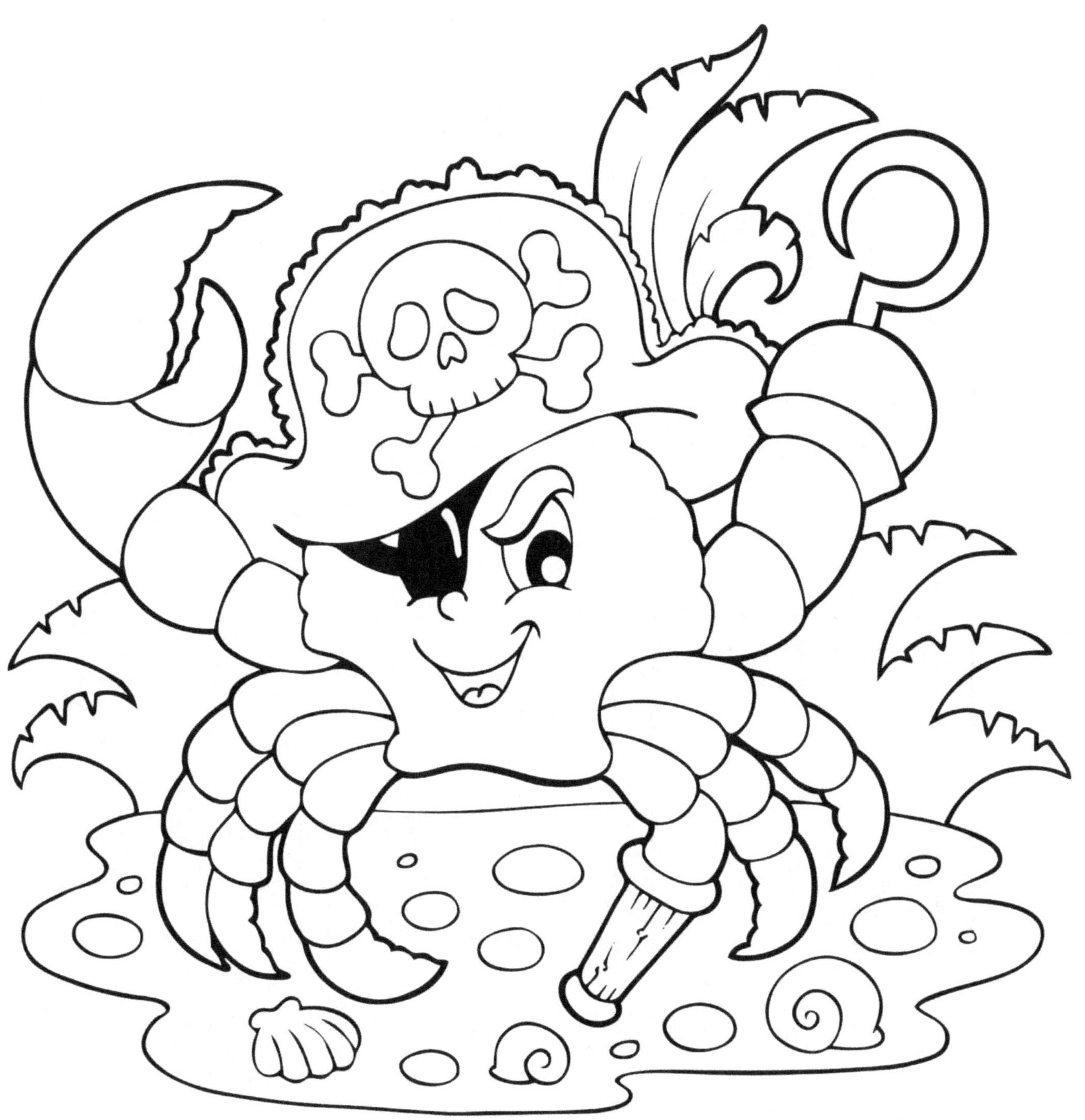

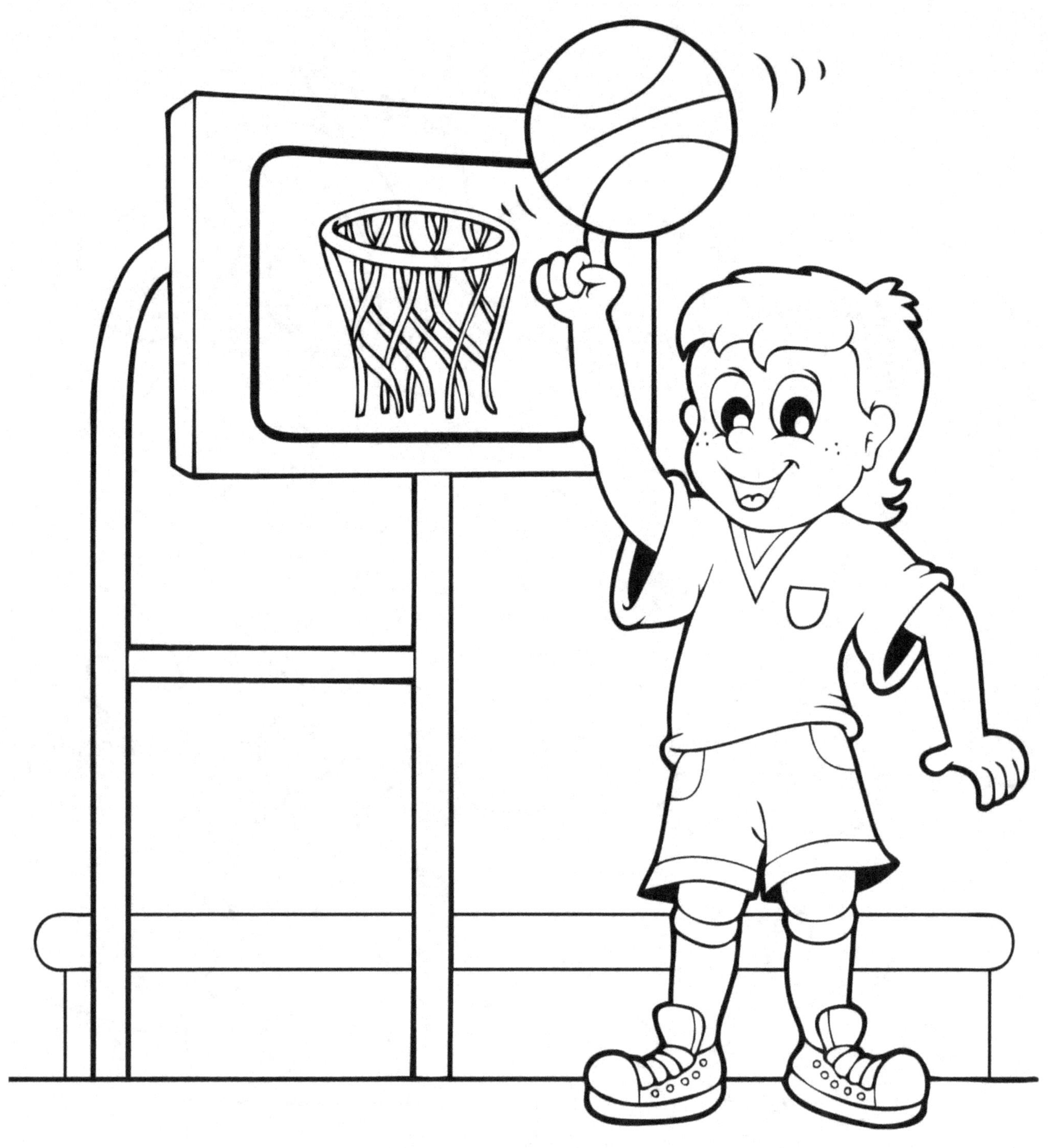

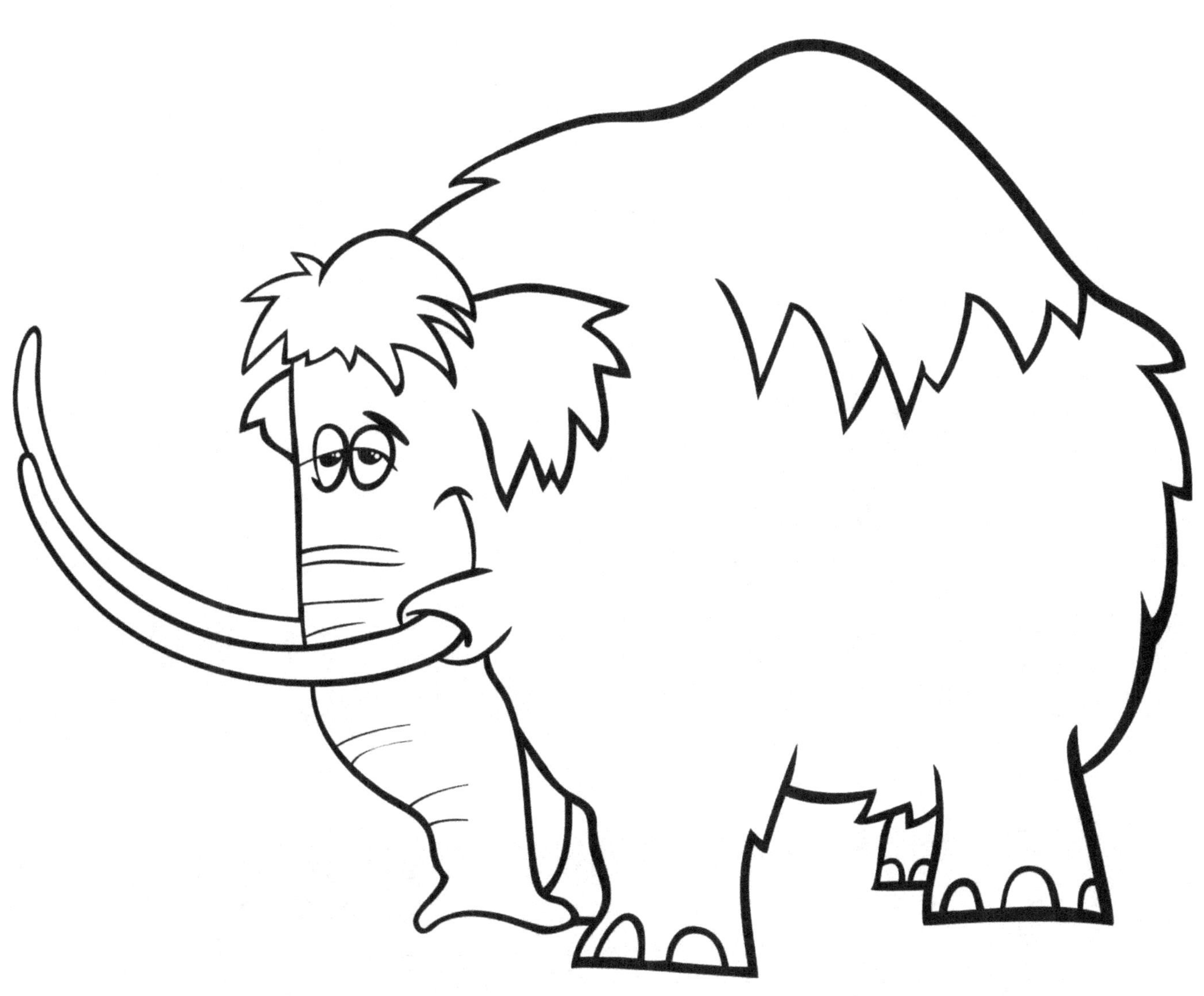

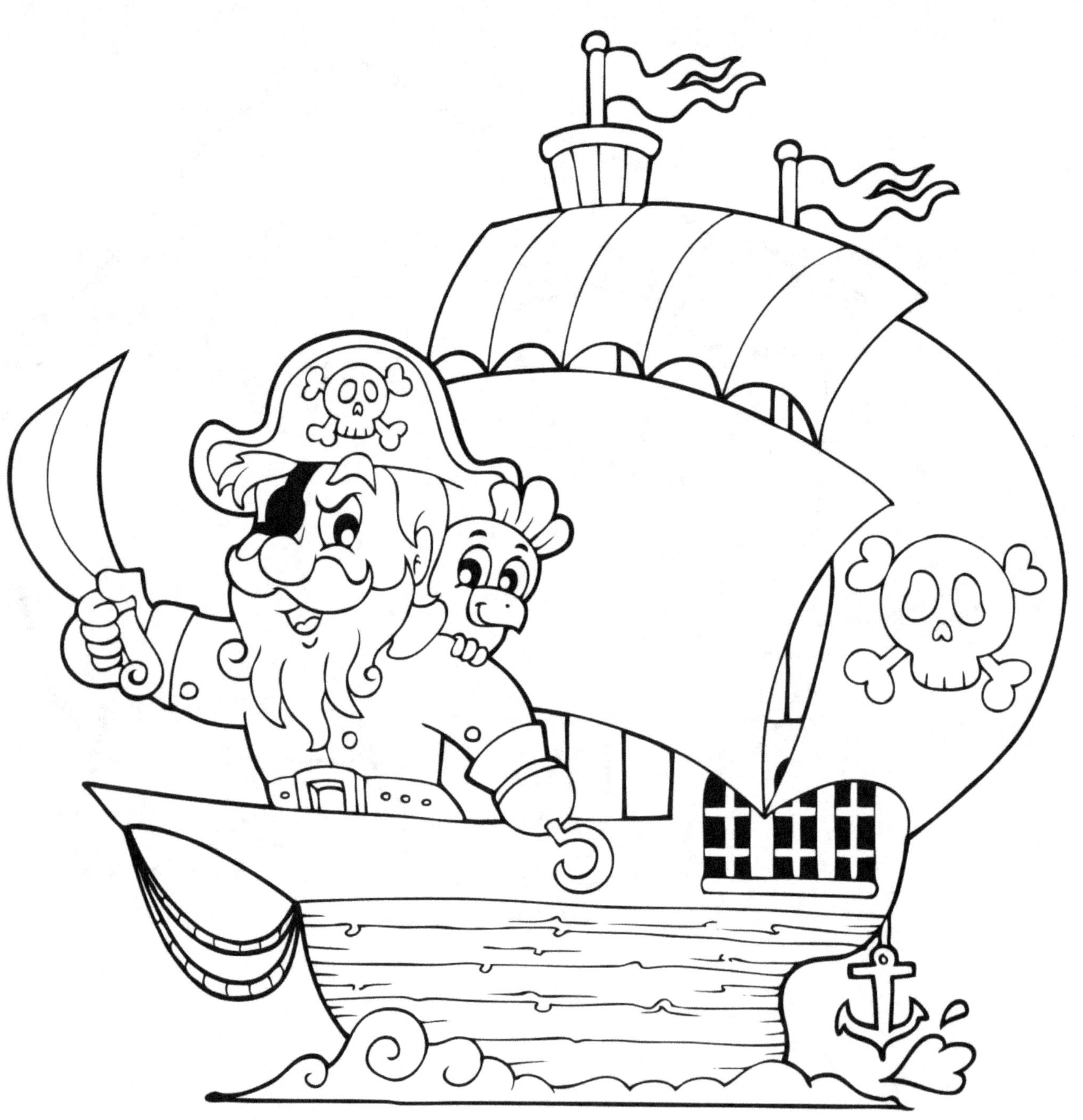

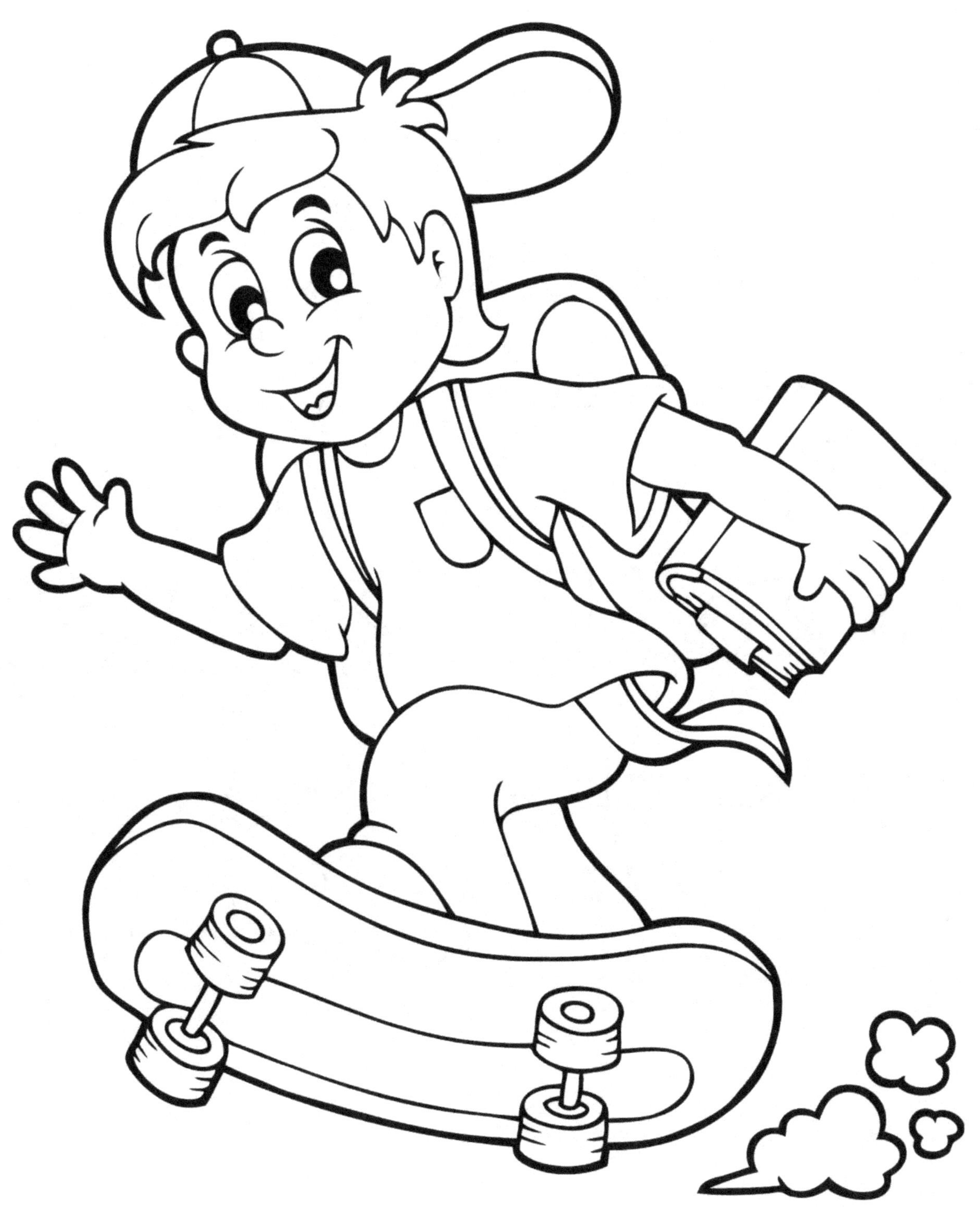

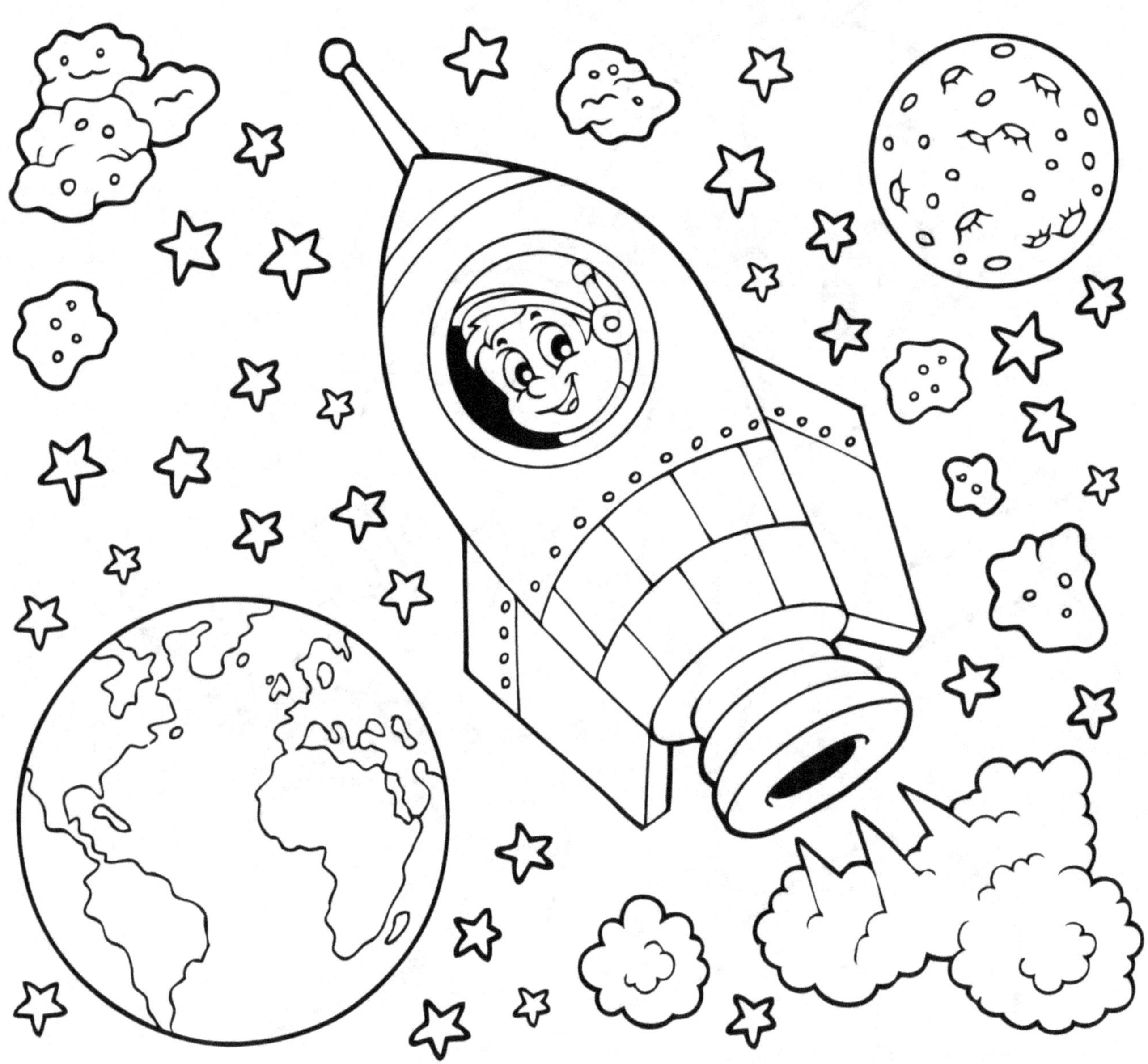

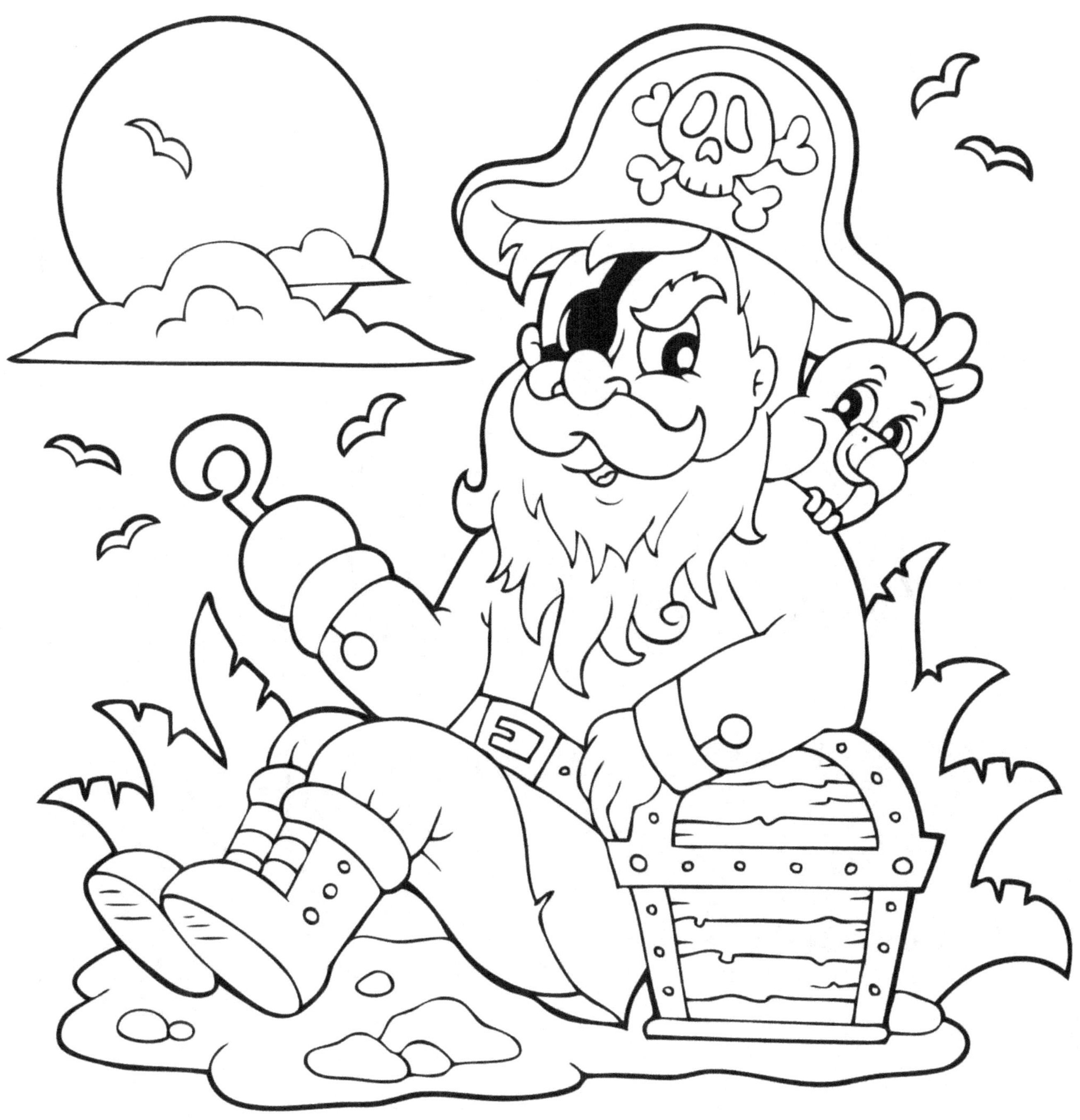

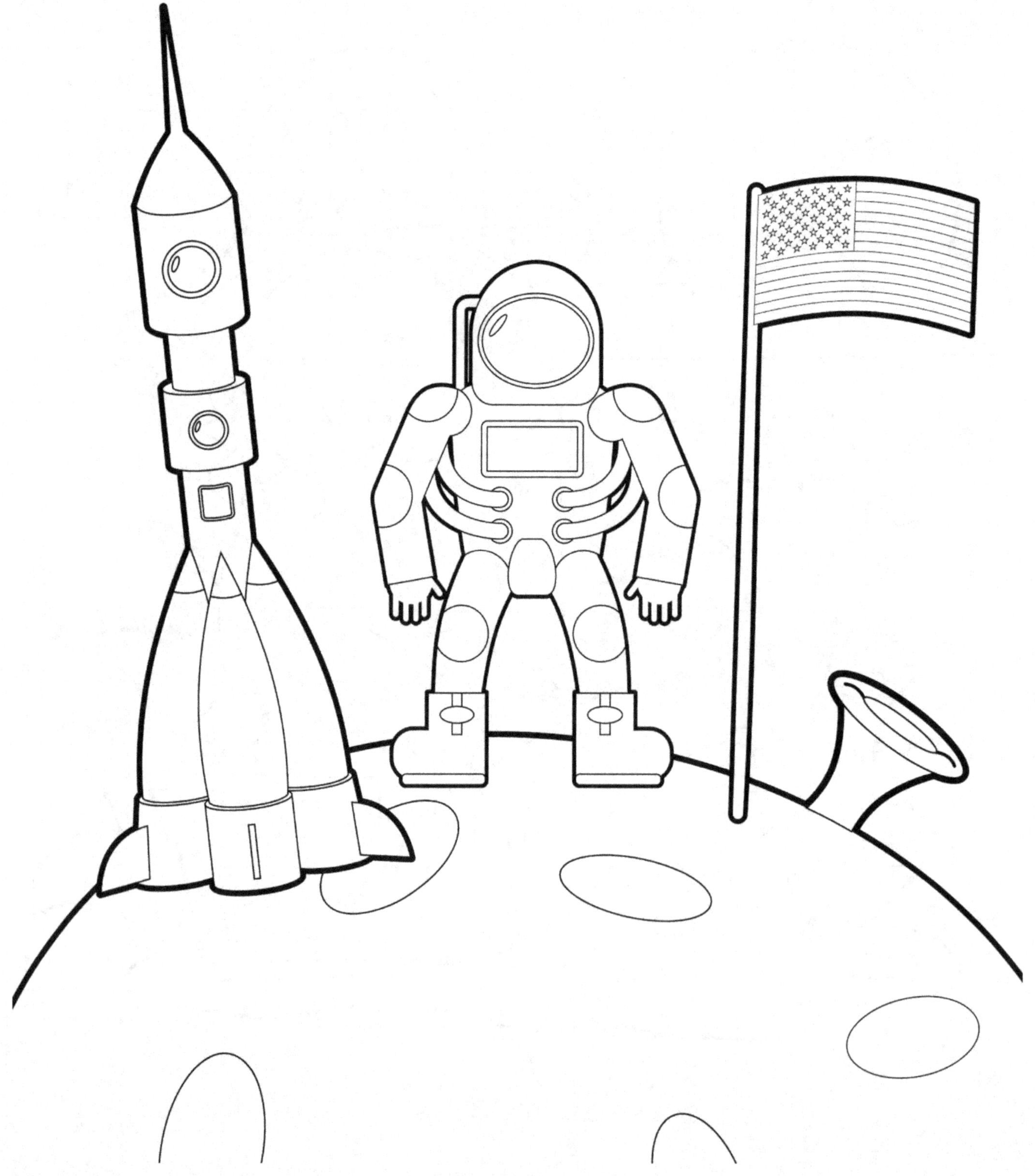

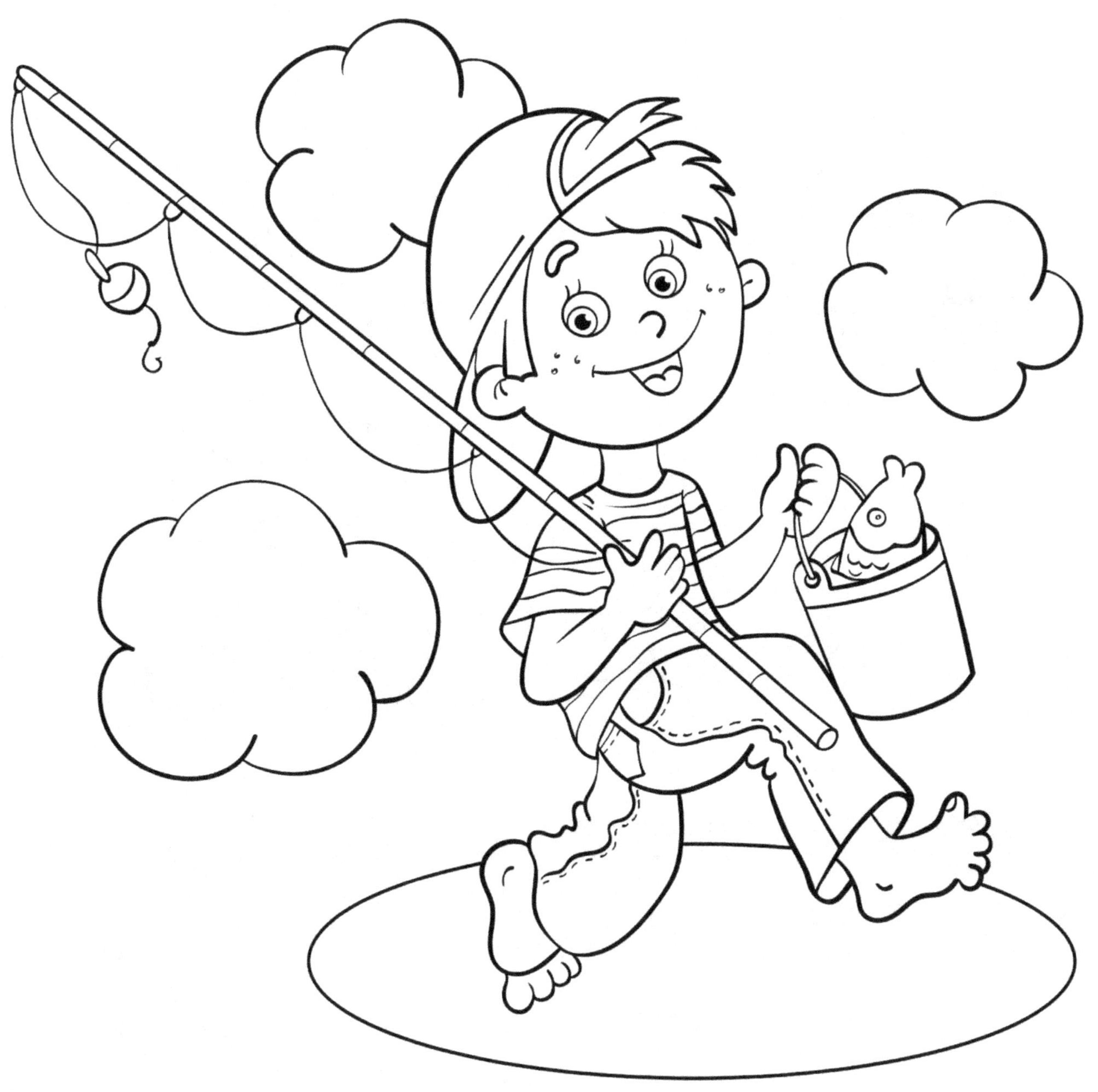

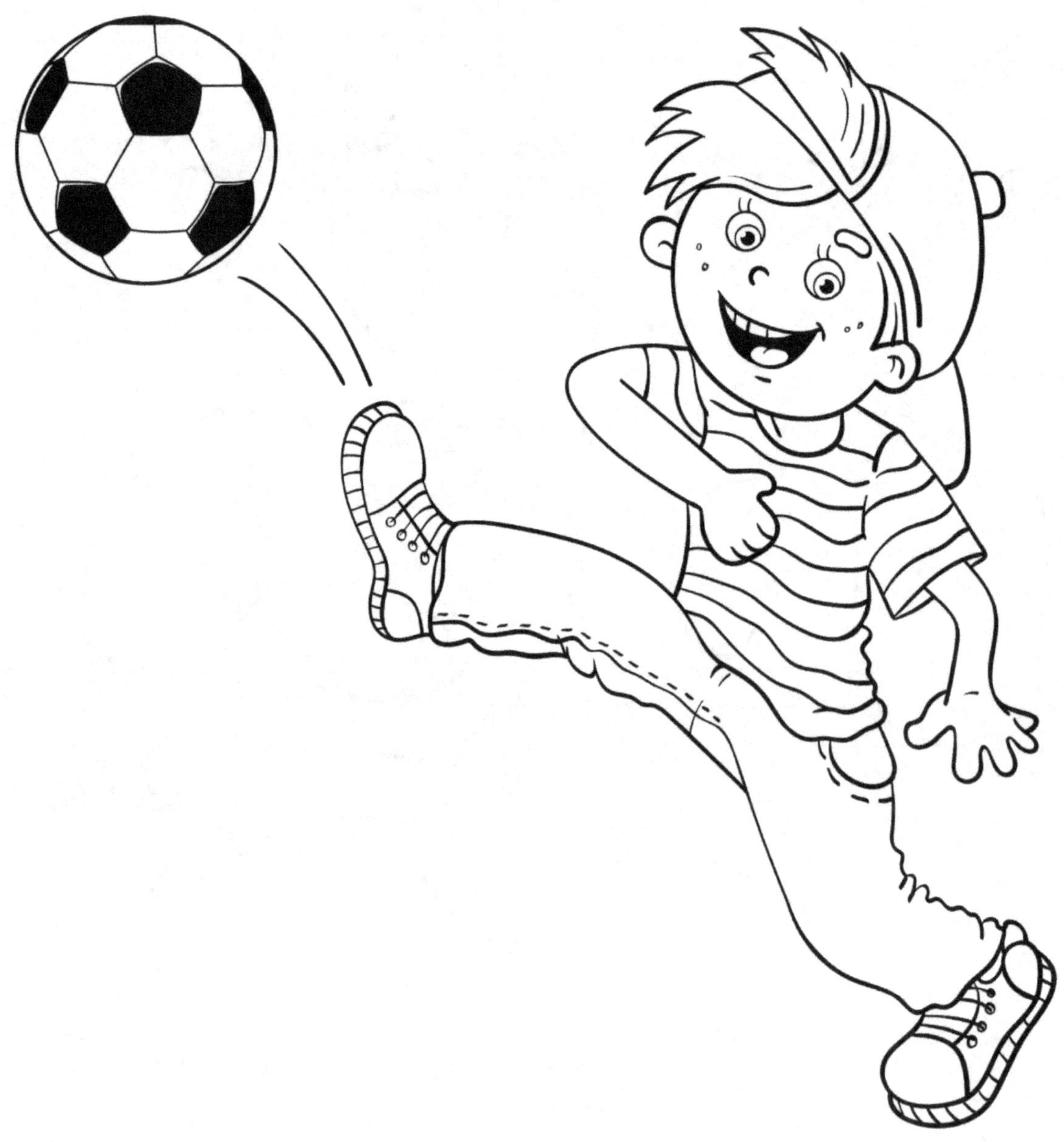

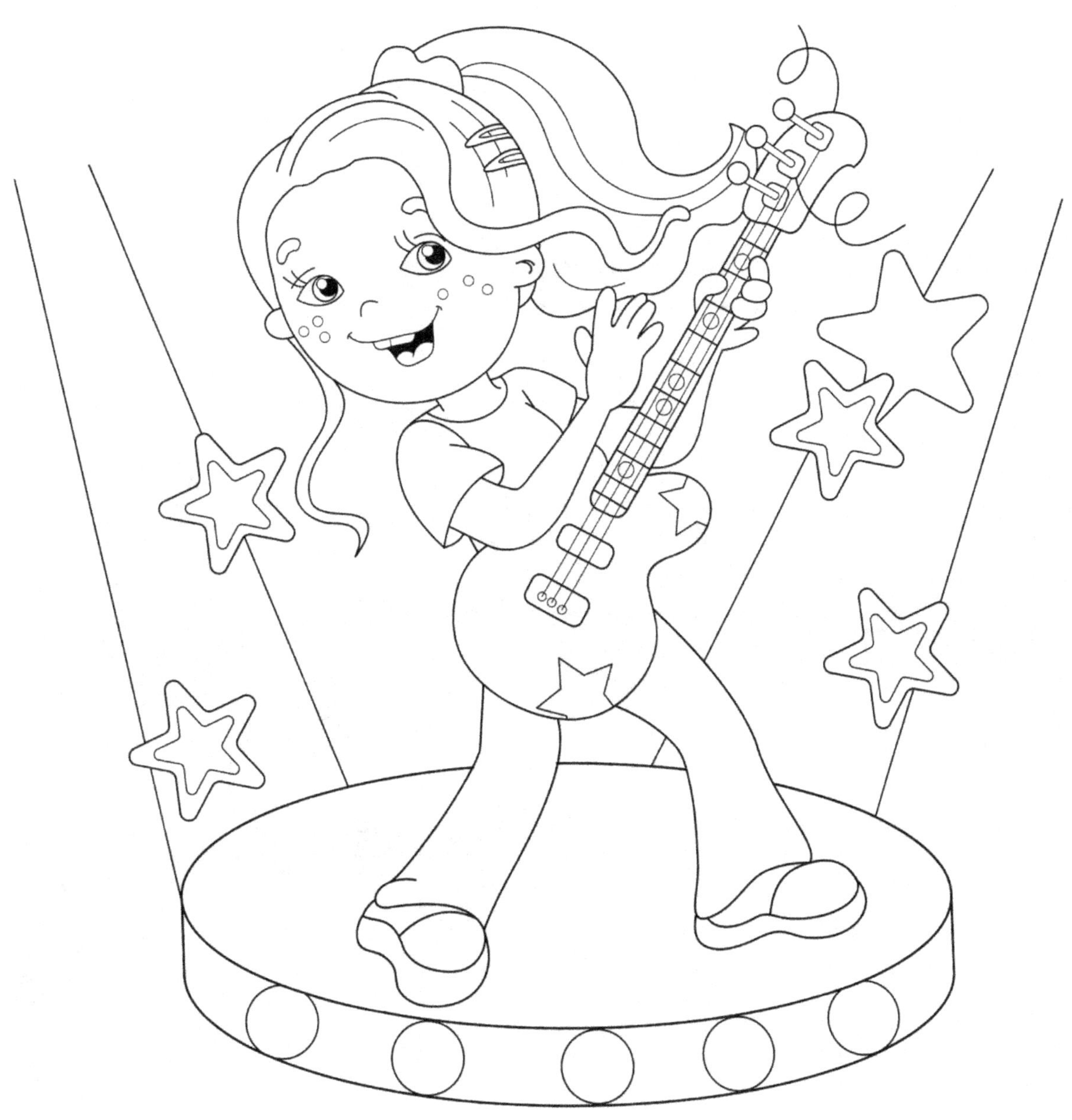

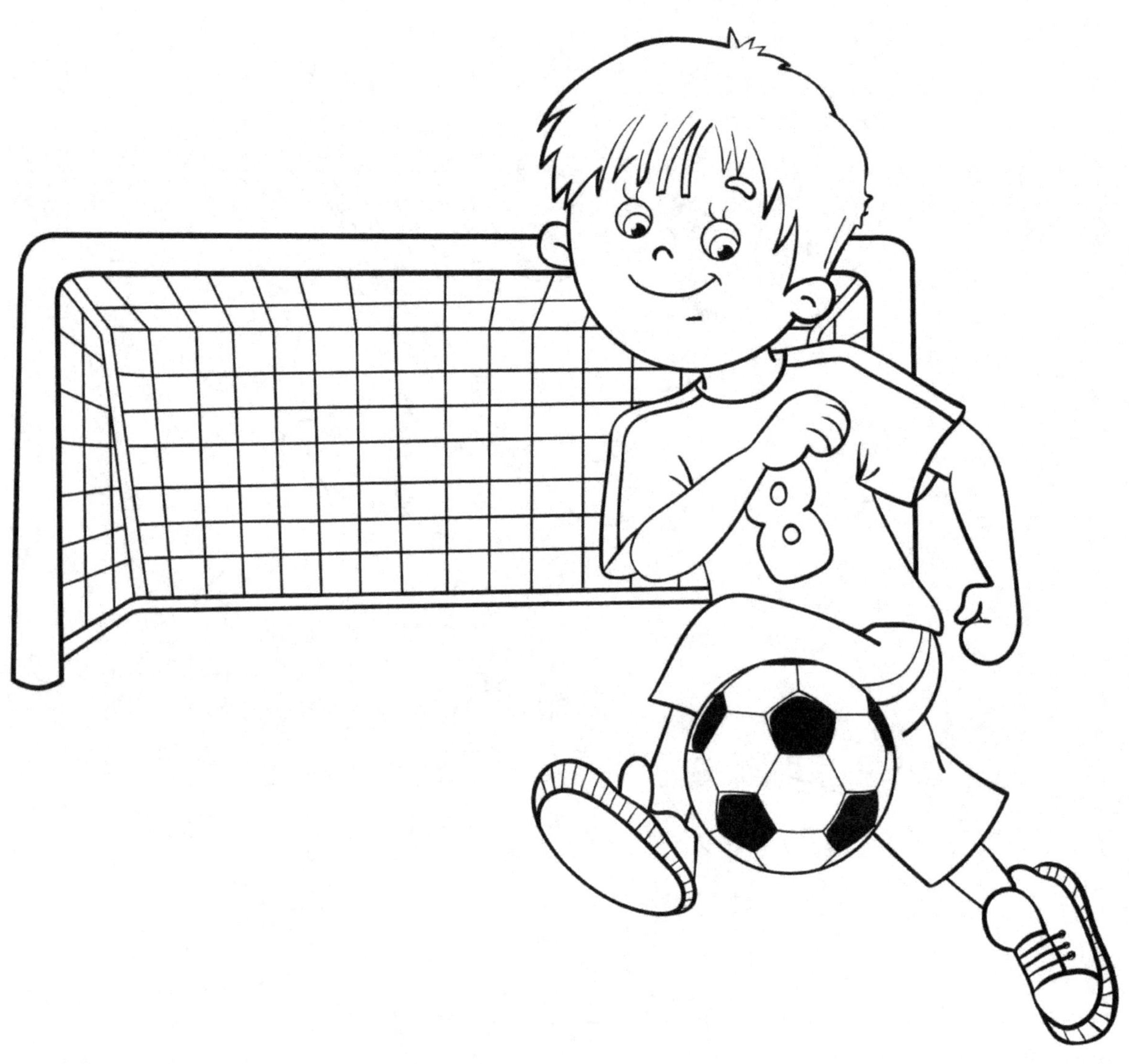

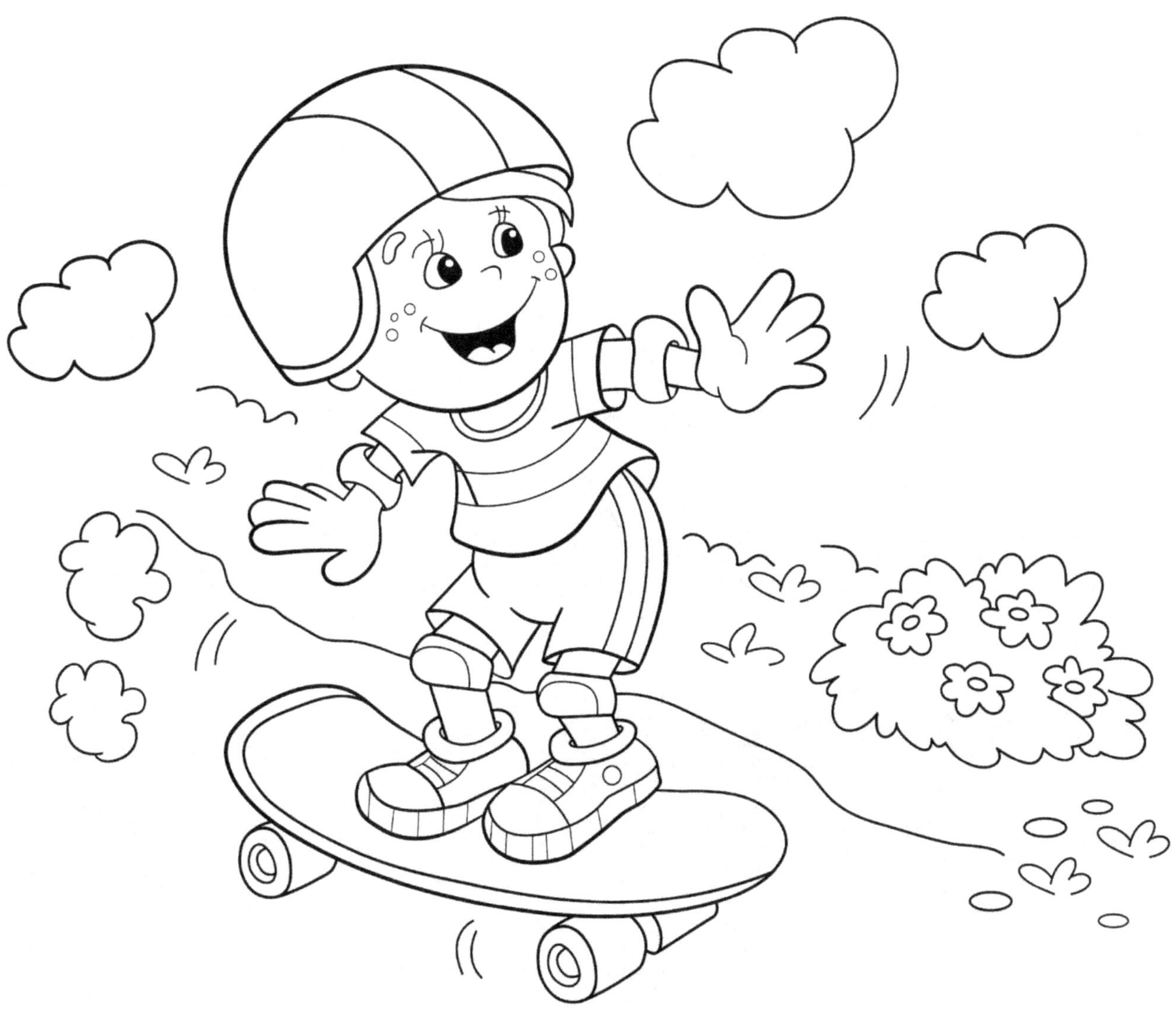

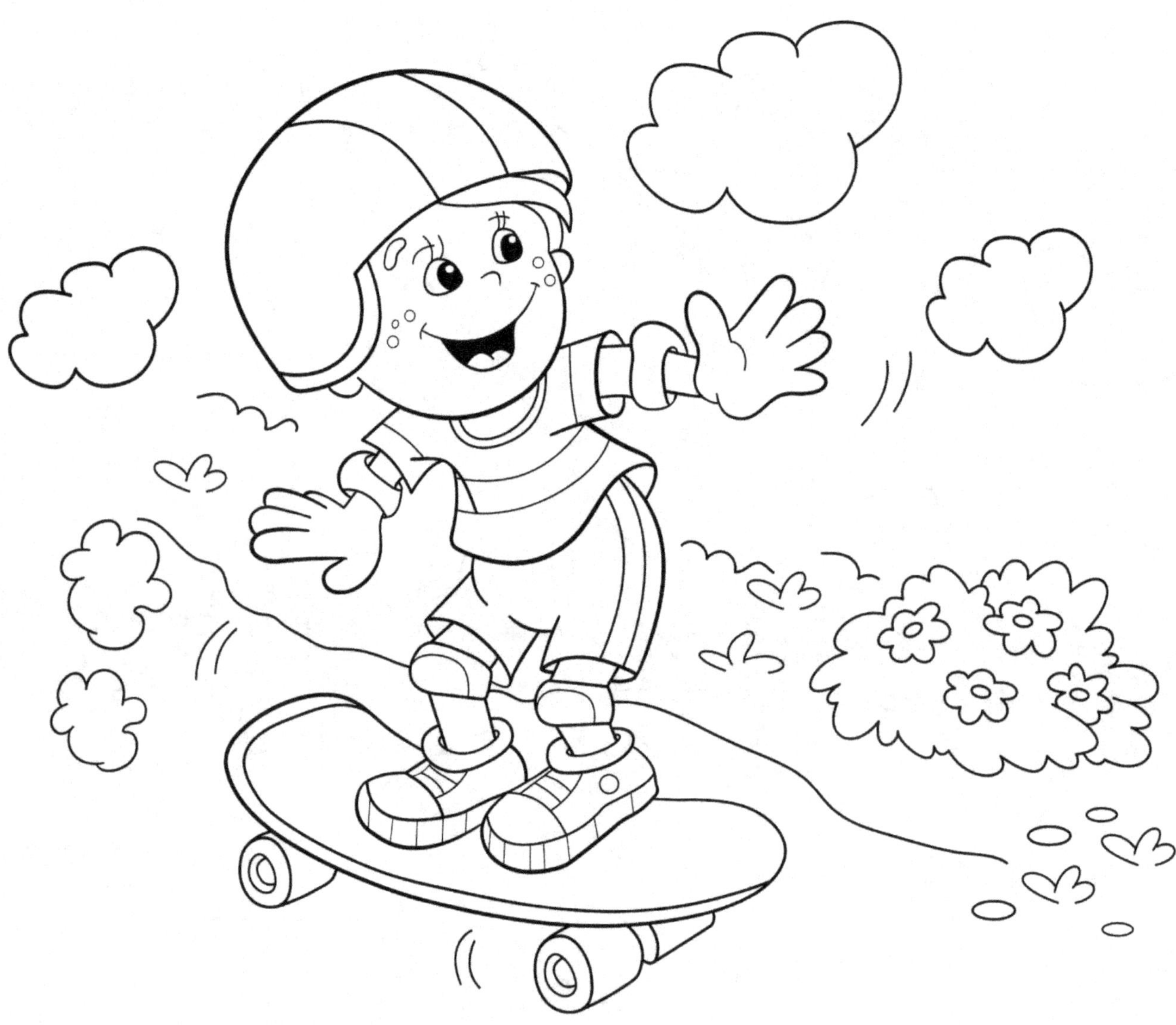

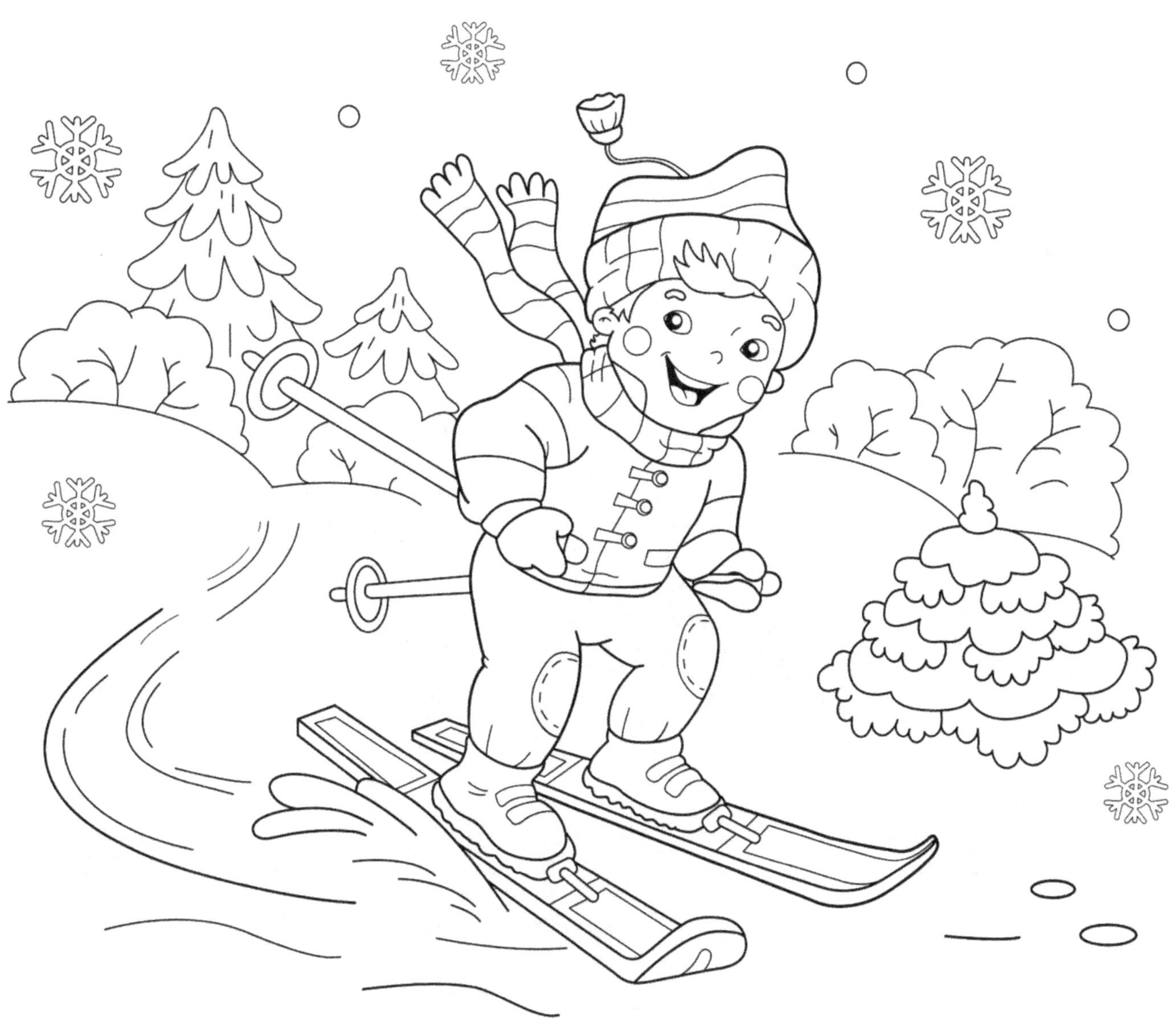

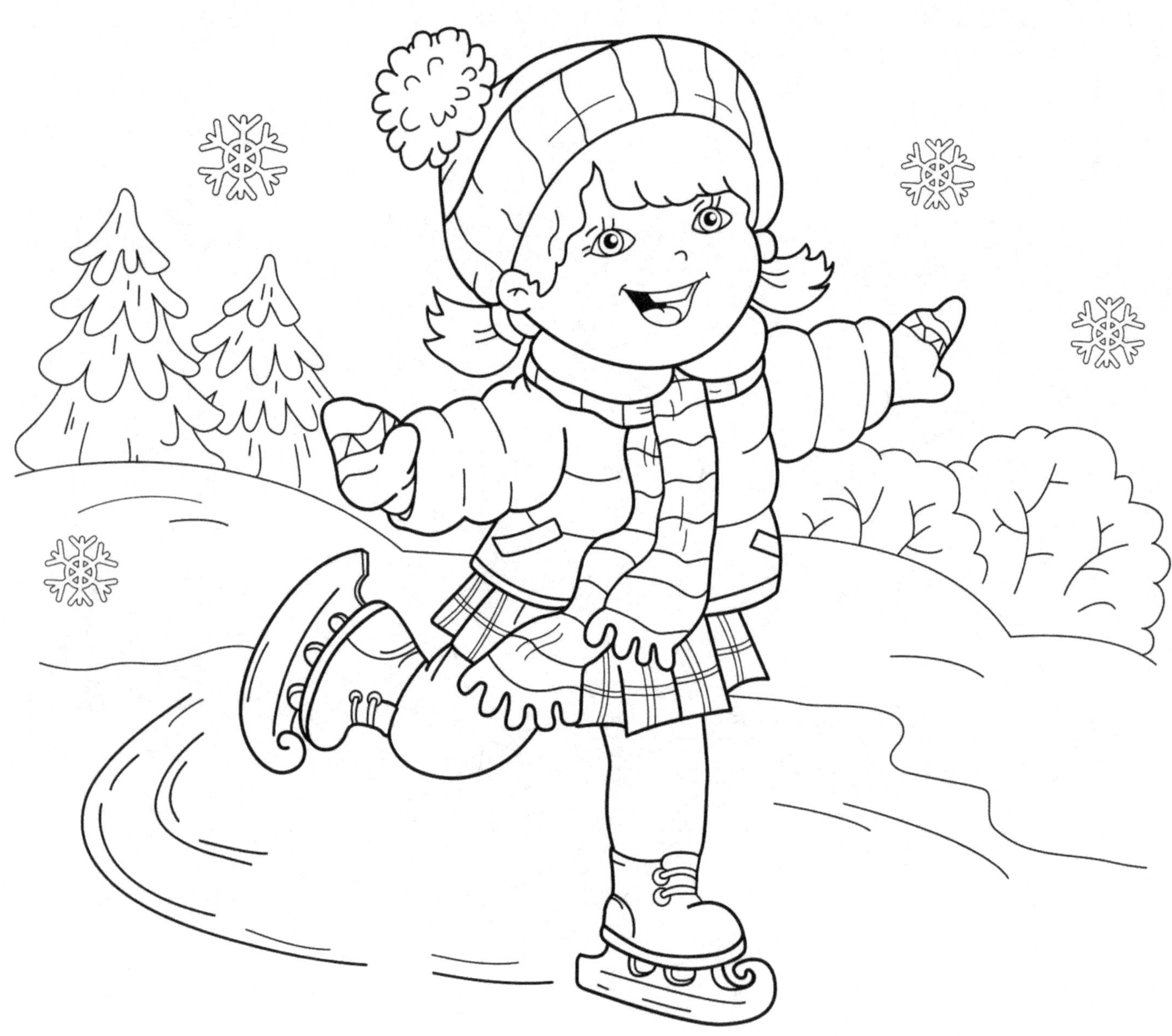

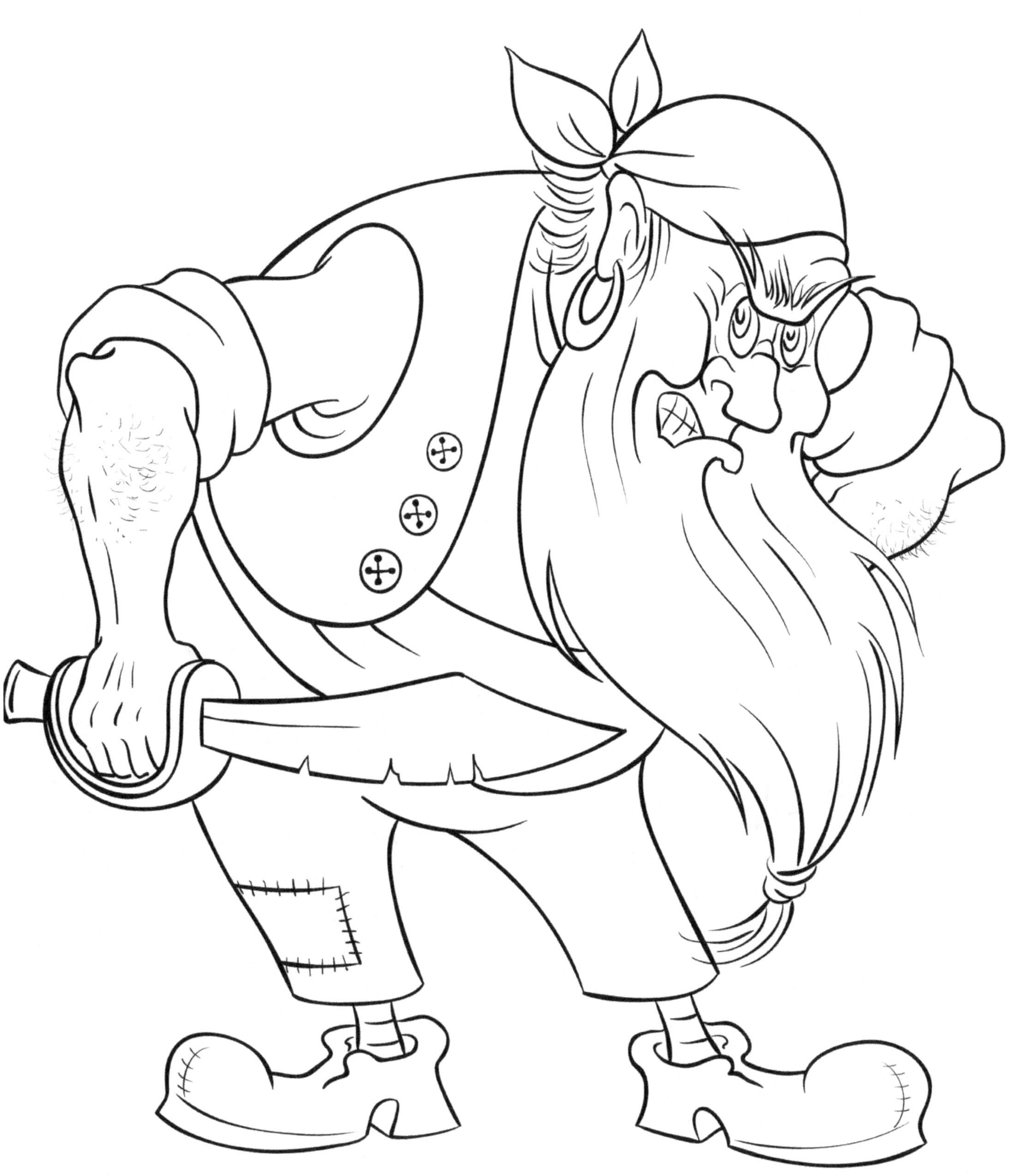

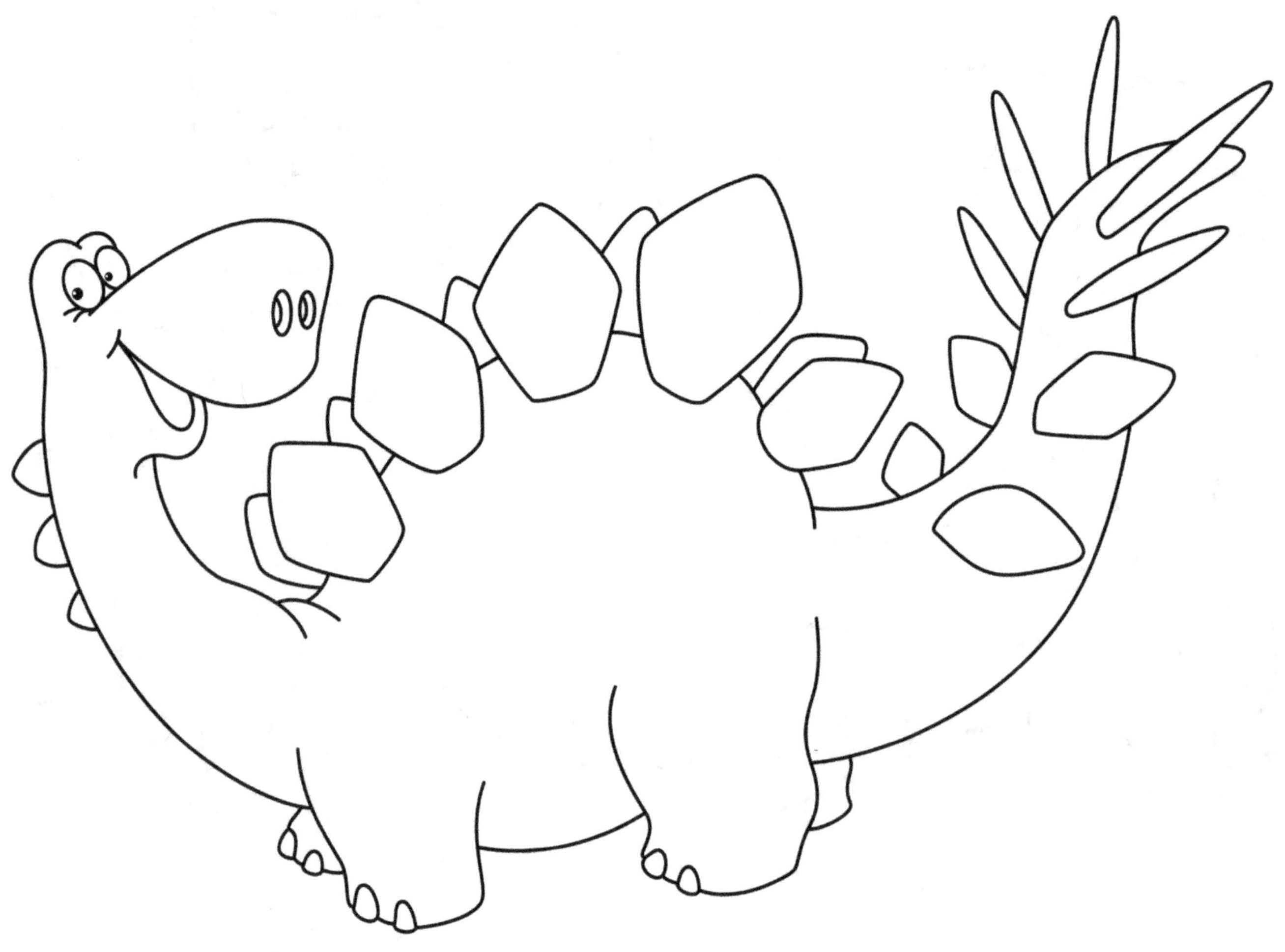

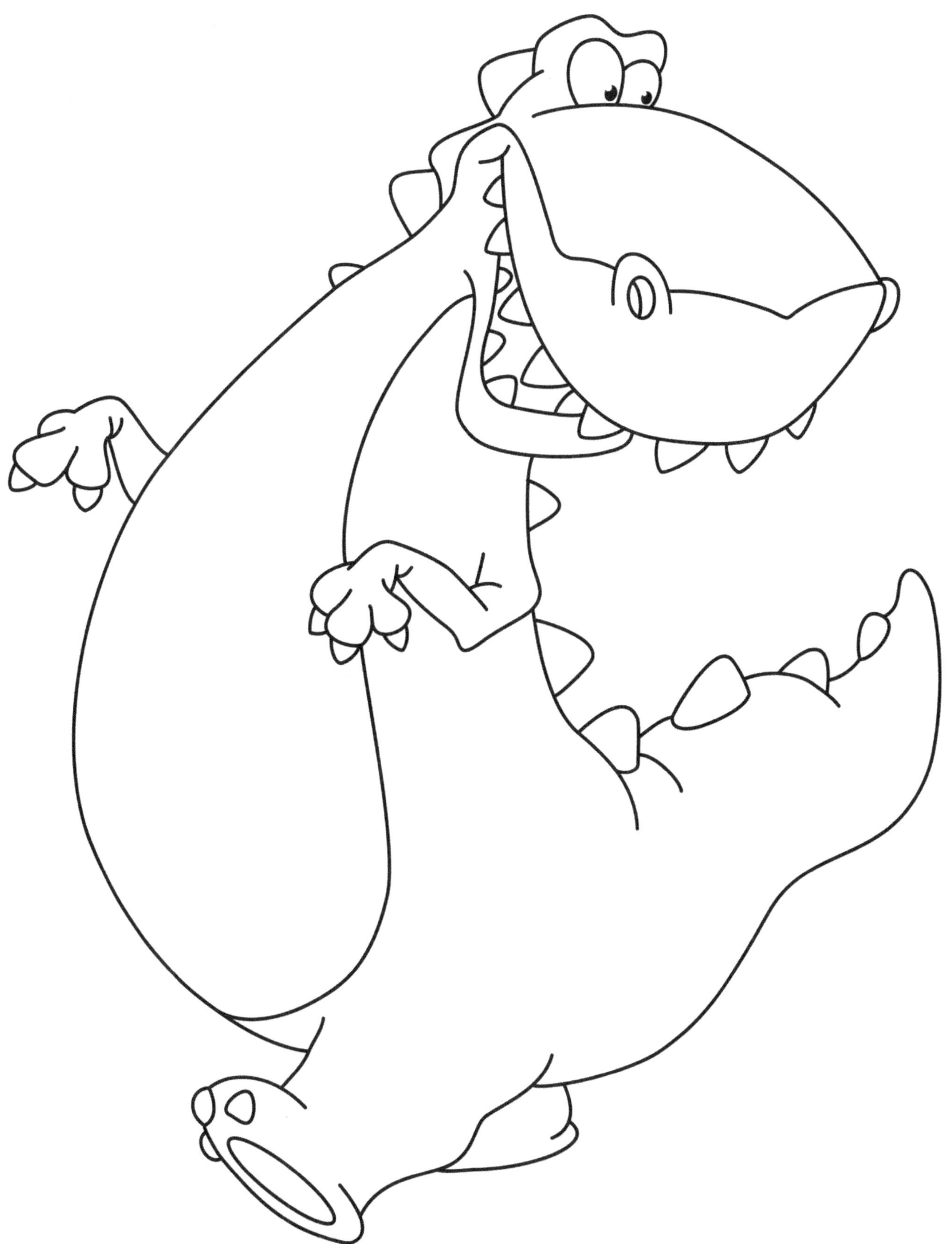